AF345718

+ DE 50

BIENVENIDA A TU MEJOR EDAD

PEQUEÑOS CONSEJOS PARA VIVIR
TUS 50 MÁS FELICES

Título: + de 50
© 2021, Carme Porti

De la maquetación: 2021, Romeo Ediciones

Primera edición: diciembre de 2021

Impreso en España

ISBN-13: 978-84-19073-58-7
Depósito legal: TF 34-2022

ÍNDICE

INTRODUCCIÓN

¡Qué guapa que estás desde que te quieres tanto!

¿Pero cómo he llegado hasta aquí?

Son las 5 de la mañana, hace un calor insoportable, abro los ojos y empiezo a dar vueltas. Intento no hacer ruido para no despertar a mi pareja. Voy a leer un poco a ver si me entra de nuevo el sueño. Tengo en la mesita de noche el fantástico libro *Tus zonas erróneas* de Wayne Dyer, me lo recomendó una muy buena amiga. Lo leí hace unos 35 años. Sí, hace tiempo, pero el caso es que todavía lo tengo presente. Se publicó en 1976. Tenía entonces 12 años. Es uno de los primeros libros que leí y me ayudó a conocerme un poco más a mí misma. Era como un pequeño talismán de buenas vibraciones. Todavía hoy sigue siendo uno de los libros más vendidos de autoayuda. Me dispongo a abrir mi tesoro y releer los párrafos que más me gustan. No leo nada, las letras están borrosas. No me acordaba, necesito mis gafas. Palpo a oscuras toda la mesita. No tengo suerte, deben de estar en la cocina. No tengo ganas de levantarme, si empiezo a moverme, ya no vuelvo a conciliar el sueño.

Desisto de la lectura y prometo comprarme dos pares de gafas más para repartirlas por casa en lugares estratégicos: un par en la cocina para leer las recetas en el móvil, otro par en el cuarto de baño. Decido levantarme y voy a la ducha. Soy incapaz de leer cuándo y cómo debo aplicarme el nuevo acondicionador de cabello. Creo que hay que esperar cinco minutos y después enjuagar. Es un tratamiento especial para cabellos castigados, maltratados, sin vida, sin brillo. Si es un tratamiento especial y las mujeres de cualquier edad son las que van a usarlo, ¿podrían adjuntar una pequeña lupa para leer las instrucciones de uso del producto capilar? Ya puestos también podrían hacerlo con la cosmética *antiage* y antiarrugas. Eso sí, la natural cien por cien.

Vuelvo a la cama, cierro los ojos e intento dejar la mente en blanco. Cuando parece que estoy consiguiendo relajarme, detrás de mí oigo unos soplidos intermitentes. Es como una especie de ronquido, pero con entonación musical. El pentagrama al completo: las corcheas con las semicorcheas. Emito un pequeño chasquido con los dientes para que mi pareja se dé por aludida. Estoy de suerte, los ronquidos han parado. Al cabo de diez minutos, o no sé cuántos, porque he perdido la noción del tiempo mientras estoy medio dormida, aparecen los ronquidos poderosos. La sinfonía en do mayor. A ver quién se atreve a superarlo. Entonces me levanto, busco en mi bolso y encuentro por fin mis gafas para vista cansada. Me hace ilusión haberlas recuperado, ya que sin ellas estoy perdida. Aun sabiendo que les quedan dos telediarios porque pronto necesitaré las progresivas. Me resisto a comprarlas. No sé exactamente el motivo.

En este momento, entiendo a mi amiga Marta que hace dos años se construyó una casa con dos habitaciones con cama extragrande= king size. Su pareja tiene un sueño muy ligero desde que era un adolescente. Una cosa es hacer el amor, y la otra es dormir. Muy romántico no es, lo reconozco. Pero sí es práctico si lo que necesitamos es descansar. Solamente la comprendo en este momento crucial de la noche porque yo soy una romanticona incorregible.

Hace unos cuantos años...

Recuerdo mis primeras conversaciones en la escuela con mis compañeras de clase. Ya en la preadolescencia compartíamos informaciones más o menos fiables unas con otras. Hablábamos sobre todo de lo permitido y lo prohibido, de los chicos, las discusiones con nuestros padres, nuestras primeras escapadas, el primer cigarro, nuestros problemas y preocupaciones. Leíamos a Enid Blyton y éramos las cinco mejores amigas del mundo. No había secretos entre nosotras.

Más adelante, en la época de estudiante en la universidad, mis compañeras de piso eran mi familia de lunes a viernes. Después de cenar, éramos cuatro chicas con ganas de conquistar el mundo. Nos apoyábamos las unas a las otras. Siempre había al menos una de nosotras dispuesta a conversar; sobre todo a escuchar y opinar. Cualquier tema era una buena excusa para comunicarnos.

En la etapa siguiente llegaron las conversaciones con nuestras amigas y conocidas; primero sobre bodas, después de los embarazos y sus partos. Tema aburridísimo en las cenas para las que no teníamos intención de ser mamás, o al menos en aquel momento.

Era un mundo nuevo en el que cada mujer contaba su experiencia. Nos aconsejaban las madres primerizas. Nos llamábamos las unas a las otras. Nos hicimos amigas de nuestra compañera de la clase de preparto y todavía hoy nos felicitamos en Navidad.

La familia fue aumentando y la casa se nos hizo pequeña. Las tardes las pasábamos en el parque con nuestros pequeños enanos, el cubo, la pala y la pelota. Los días eran agotadores y las noches todavía más. Sobre todo, si algún niño tenía fiebre, pesadillas o simplemente no tenía sueño y sí muchas ganas de jugar. Los domingos por la mañana eran uno de nuestros momentos felices. Los pequeños no tenían horario de fin de semana y venían a nuestra cama. Siempre había espacio. Planeábamos un plan para hacer juntos que ellos siempre encontraban fascinante:

—Niños, hoy iremos de excursión, haremos un pícnic en medio del bosque y jugaremos a fútbol en aquel campo que hay al lado del río. Nos llevaremos la bicicleta, la pelota y todo lo que haga falta.

—¡Bieeeeeeeeen! ¡Bieeeeeeeen! —Los pequeños daban saltos de alegría.

Cargábamos el coche con todo lo necesario para pasarlo bien. El maletero lo cerrábamos a duras penas, ya que no cabía nada más: la cesta de la comida, la nevera, las pelotas para jugar, las mantas para sentarnos en el suelo. Y, si era verano, entonces era un rompecabezas colocar todas las piezas en el maletero. Faltaba la sombrilla, las toallas, el flotador, las gafas, el tubo, los patos, los manguitos y los juguetes. Sin embargo, lo más importante era el botiquín completo de primeros auxilios. Imprescindible para todas las edades.

Los cinco nos montábamos en el coche y pasábamos un domingo estupendo. Llegaban tan cansados que a las ocho se acostaban y teníamos unas horas para estar tranquilos los dos solos.

Hoy en día los domingos son distintos. Algunos, no todos, los ya no tan enanos llegan a la misma hora temprana, y apestando a alcohol con ojeras que les llegan hasta los pies. Pero claro, les doy un toque con la boca pequeña. Yo era del grupo de las que cerraban los bares. No hubiera soportado perderme la última copa para comentar al día siguiente con mis amigas cómo acabó la noche. ¡Cómo echo de menos aquella fiesta! Eso sí, ahora sería incapaz de aguantar la resaca.

A la hora de comer, es como un restaurante. Nunca sabes si vamos a almorzar sobras toda la semana. Hoy preparo comida para seis. Resulta que solo seremos dos.

—¿Mamá, te acuerdas que te dije el otro día que el domingo no venía a comer?

—Pues no, la verdad ahora no me acuerdo.

—Quizás te lo comenté muy por encima porque no estaba segura.

—¡Pero si es que iba a preparar la paella en unos minutos!

—Por favor, está buenísima, ¿la puedes hacer mañana? ¡No me la quiero perder por nada del mundo!

Pues nada, mañana será otro día. Por suerte para ella hoy estoy de buen rollo. No me supone un problema hacerla al día siguiente. Hoy almorzaremos plan B. ¡A ver si tenemos suerte de comer lo que sea y todos juntos!.

Volviendo a etapas anteriores, algunos de estos fines de semana con niños y preadolescentes coincidíamos con amiguitos de nuestros hijos. Mientras ellos jugaban y a veces se peleaban, las mamás aprovechábamos para hablar de cualquier tema que nos venía a la cabeza. Nos aconsejábamos mutuamente sobre inquietudes de nuestros niños y del colegio, de nuestras parejas, de nuestras vidas, con sus alegrías y sus sinsabores.

Por las tardes a la salida del colegio nos parábamos en el parque y continuábamos con nuestras historias sobre los niños, el trabajo, los deberes y cualquier otro tema que surgiera durante los veinte minutos que exprimíamos al máximo; y así siempre nos quedaba algo pendiente para el día siguiente.

Durante esta etapa, la vida nos daba la oportunidad de volver a renacer nuestras almas escondidas. Algunos días acabábamos en el sofá cansados y medio dormidos. Pero nos llenaba de felicidad ver cómo crecían y cómo superábamos las pequeñas y grandes luchas que conlleva cada etapa con ellos. También había situaciones angustiosas que nos preocupaban. Recuerdo una vez, el día de mi cumpleaños que mi hijo pequeño de cuatro años me estaba ayudando a hacer una tarta de limón y queso, lo dejé solo en la cocina. Entonces decidió seguir preparándola él mismo. En el momento de triturar la galleta para hacer la base de la tarta en la batidora, ocurrió lo peor. Metió los dedos en la batidora junto con la galleta y apretó el interruptor. De repente oímos unos gritos estremecedores, se inundaron las paredes y el techo de la cocina de manchas de sangre. Pensábamos que había perdido todos los dedos. Lo llevamos al hospital y afortunadamente gracias la rápida atención médica todo quedó en un buen susto.

Una vez pasados los largos momentos de angustia, queda el corazón compungido. Nunca sabes qué habría pasado si hubieras estado presente.

Este tipo de situaciones, por ejemplo, no las vivían las mamás perfectas —Doñas Maravillas— que participaban activamente en las conversaciones de mujeres. Con el tiempo descubrimos que eran las que más carencias afectivas y emocionales sufrían, pero no lo demostraban. Habían creado un muro imaginario entre la realidad y su mundo paralelo.

Compartimos ilusiones, bromas, enfados, risas fáciles. Momentos en que somos felices y momentos que preferimos borrar de nuestra memoria.

Confidencias que nos hacemos las mujeres que llevamos una vida normal, sin *tsunamis*.

Eso es precisamente lo que nos hace ser extraordinarias a los: 20, 30, 40, 50, 60 y hasta cualquier edad.

¿Por qué leer este libro?

Las mujeres interpretamos el guion de nuestra vida y no siempre somos conscientes de nuestro poder para cambiarlo. Por mi parte, debo reconocer que he tenido suerte porque me ha tocado la lotería. De hecho, no hace tanto tiempo que me he dado cuenta de ello. Yo dedicaba el tiempo a mi trabajo, mi familia y mis amigos. Me sentía feliz y afortunada: las relaciones con mi pareja y mis hijos son uno de mis mejores logros. Mis mejores amigas y mis amigos han formado parte en todas y cada una de estas etapas de mi vida. Están conmigo acompañándome en la salud y la enfermedad como un matrimonio cuando lo promete delante del cura. Nos pasamos parte de nuestra vida buscando estabilidad económica, prestigio, habilidad social y éxito.

El día a día ajetreado, nos impide en ocasiones recordar lo que nos hace realmente felices: valorar lo que somos, lo que sentimos y no lo que tenemos, y aquí está mi gran suerte. Me tocó la mejor madre del mundo. Cuando mi padre falleció, mi madre interpretó los dos papeles desde el minuto cero. Éramos cinco hermanos y ella decidió vivir por y para cada uno de sus hijos. De ella recuerdo cuando relativizaba mis preocupaciones. Yo veía un túnel y ella me indicaba la salida. Siempre estaba en el momento adecuado y dispuesta a escuchar. Vivía agradecida y nunca se quejaba de nada. Cuanto más nos daba, más feliz se sentía. Nunca esperaba recibir algo a cambio. A punto de cumplir los setenta años, se enfrentó a una operación de un tumor en el cerebro. Su estado era grave: nunca oímos una palabra de queja o sufrimiento. Confió en su médico con los ojos cerrados. Su recuperación fue mucho más rápida de lo que los doctores esperaban. Su lema era disfrutar cada momento y ayudar a su familia. No necesitaba nada más para ser feliz.

Sus grandes pasiones eran su familia y la lectura. Devoraba todos los libros que caían en sus manos. Si una amiga no le devolvía un libro prestado lo vivía como una pequeña traición a su amistad.

Recuerdo cuando faltaban unas semanas para que llegara mi cumpleaños número 50 y yo no tenía ninguna intención de celebrarlo. Era como si enterrara la palabra joven y diera la bienvenida a la palabra mayor. No me gustaba nada la idea.

—Celebra que tienes la inmensa suerte de poder cumplir años y empezar a vivir una de las mejores etapas de tu vida —me dijo—. A mí me encantaría celebrarlo contigo.

Así lo hice y a partir de ese momento decidí cambiar mi carta de navegación. Tenía dos opciones: vivir feliz, agradecida y celebrar cada cumpleaños o, vivir amargada y no celebrar nada. Elegí la primera opción y no me he arrepentido ni un instante.

Lo cierto, es que la idea de escribir un libro compartiendo conversaciones entre mujeres como nosotras, me pareció una buena opción para apoyarnos mutuamente. Se unieron los astros. Tenía tiempo y ganas de contar. Sin ninguna intención de dar lecciones a nadie. Ni tampoco la idea es dar consejos sobre el empoderamiento de la mujer en su etapa madura (la palabra madura me recuerda más a una manzana que a una etapa). Mi único propósito es que cada mujer que pueda leer estas líneas se sienta identificada en algún momento concreto de su vida. Que podamos conocernos a nosotras mismas un poco más. Que el sentido del humor forme parte de nuestra vida pese a las circunstancias, sean las que sean. Que cuando necesitemos ayuda nos apoyemos entre todas. Medio siglo de vida y unos pocos años más nos avalan a la hora de tomar decisiones y nos hacen ser sabias e intuitivas. Esta es una de nuestras mejores virtudes.

Aun así, nos invaden las dudas, los sentimientos de culpabilidad, los miedos a los que nos toca enfrentanos cuando aparecen. En el momento que logramos salir adelante, somos las mujeres más felices del mundo.

CAPÍTULO i. NI SOMOS PERFECTAS, NI ESTAMOS SOLAS

Errare humanum est

Hay días que nos levantamos y sentimos que el mundo está bajo nuestros pies. Sin embargo, hay días que nos quedaríamos en la cama y cerraríamos los ojos, esperando que el día siguiera su curso sin nuestra presencia.

¿Cómo puedo aceptar que no puedo controlar la vida, sino que únicamente tengo control de mí misma?

En ocasiones dejamos que aparezca nuestra peor versión. Reconocemos respuestas inadecuadas o salidas de tono. Podemos culpar a todas las personas, pero quien actúa de esta manera somos nosotras y no las demás personas.

No se trata de que el resto comprendan que somos así y deban evitar provocarnos; sino de entender que las emociones nacen en nosotras y en lugar de explotar hacia la situación o persona, podemos intentar esforzarnos y conocernos para poder gestionarlas. La información sobre una misma es poder.

Somos imperfectas, por supuesto. Sin embargo, nadie es igual, nadie piensa como tú y esto marca la diferencia entre unas y otras. Saber que eres única es GENIAL.

Afortunadamente nos equivocamos; si no, no seríamos seres humanos. No sé dónde está escrito que los errores tienen que pagarse. El tiempo es el que nos hace ver que la decisión que tomamos en aquel momento ahora sería distinta. No obstante, esta es la conclusión, no el error. Seguramente, más de una, no hubiéramos invertido en aquel negocio, no nos hubiéramos casado con aquella persona en concreto, no hubiéramos renunciado a aquel puesto de trabajo.

Todas nosotras durante más de medio siglo hemos tomado decisiones de todo tipo. Algunas no han sido fáciles.

¿Quieres saber la diferencia entre una mujer de 30 años y una de 50?

Su nivel de experiencia.

El arte de conversar entre mujeres toda una vida

Ya se mencionaba en la Biblia que las lavanderas se reunían a lavar ropa a la orilla de un río, un arroyo, en las acequias, pozos o en las fuentes. El río siempre fue punto de encuentro para las mujeres. Allí se lavaban los cacharros de cocina y la ropa. Los ríos eran un mundo donde se conocían todas las noticias: bodas, noviazgos, enfermedades... todo pasaba por las orillas de los ríos.

Cuando dos mujeres se juntan nacen inquietudes y comparten formas de ver la vida.

En nuestras conversaciones entre mujeres, solo unas cuantas tendrán espacio en nuestro corazón. Una cosa son nuestras compañeras de vida, estas mujeres, con las que coincides durante varias etapas de tu vida: en la universidad, en la escuela de tus hijos, en el barrio. Pero en cada momento nuestras relaciones sociales son distintas dependiendo de nuestro entorno y actividades. De cada época vivida he tenido la gran suerte de cruzarme con mujeres que me hacen sentir bien y me acompañan día tras día.

Son mujeres que nos escuchan, nos entienden y se atreven a aconsejarnos: siempre con prudencia. Con ellas podemos reír de la primera tontería que se nos ocurre, lloramos juntas y lamentamos su sufrimiento como si fuera el nuestro. Porque nos queremos y aceptamos como somos. Aun así, en ocasiones nos molestamos por cosas sin importancia unas con otras. ¡Somos las reinas de los malentendidos!

Son aquellas que nos conocen lo suficiente como para alegrarse de nuestros logros de la misma manera que nosotras nos emocionamos de los suyos. No todas las personas son tan listas para valorar nuestros esfuerzos.

Entre alegrías y penas compartidas transcurren los años y sin ser conscientes cumplimos medio siglo de vida. Aquí entramos en una década de plenitud y pensamos que nuestra vida está organizada. Pero no siempre es así. La vida nos trae sorpresas de todo tipo que tenemos que aprender a manejar a cualquier edad. Nuestra zona de *confort* puede tambalearse y no sabemos qué rumbo tomar.

Cada una de nosotras ha vivido lo suficiente para saber que nada es eterno y que nuestra vida puede cambiar en un instante. Los momentos turbulentos llegarán e intentaremos gestionarlos de la mejor manera posible. No hay mal que cien años dure.

Nos sentimos mejor cuando hemos compartido estos maravillosos momentos en los que sentimos que no somos únicas. Nos parecemos más de lo que aparentamos. Podemos hablar de nuestras preocupaciones, alegrías y frustraciones sin temores.

Aunque no tengamos la sensación del paso del tiempo, nos podemos dar cuenta cuando nuestros hijos, sobrinos o hijos de nuestros amigos se hacen mayores. De estos últimos no recordamos sus nombres. Tranquilas, nos pasa a todas.

Un día cualquiera se dirigen a nosotras como si fueran personas adultas. Es la nueva generación de adultos. Y cuando vamos a comprar el pan la chica que nos atiende nos pregunta:

—¿Qué le pongo, señora?

Este libro es un homenaje a todas estas mujeres que han entrado en su mejor edad, de 50 a 60 años. Mujeres adultas que cada mañana intentamos que sea un día genial. Nuestro propósito es contar hasta diez, no perder los nervios, hablar lo justo y necesario, no sobreproteger a nuestros hijos, tener paciencia con los padres, no angustiarnos, no preocuparnos en exceso, hacer dieta, hacer ejercicio y optimizar nuestro trabajo. Somos las mejores en proponernos objetivos.

Y, aunque intentamos hacernos las fuertes, los comentarios de nuestros seres queridos nos afectan más de lo que quisiéramos. Contamos hasta cinco en lugar de diez y contestamos bruscamente en el grupo de WhatsApp a este pesado que nos ha enviado cincuenta mensajes en tan solo 24 horas. Y cuando creamos grupos paralelos y estamos a punto de meter la pata. O tenemos diez tareas pendientes para hacer en nuestro día libre y solo hemos acabado una. Para nada vamos a sentirnos culpables por esto.

Ahora bien, una vez empezamos, podemos hacer varias cosas a la vez.

¡Quizás no salen todas perfectas, pero ya están hechas! A resolutivas no nos gana nadie.

CAPÍTULO 2. SOCORRO, ME HE VUELTO INVISIBLE

En la calle

En las últimas conversaciones entre mujeres ha surgido un tema más propio de adolescentes que de mujeres que han entrado de pleno en la década de los cincuenta.

No se trata de encuentros en la tercera fase, aunque pueda parecerlo. Surgen en el ascensor, en la puerta de casa, tomando una cerveza o simplemente caminando.

Hay un punto en nuestra trayectoria que es como si nuestro atractivo se detuviera. Es un proceso de adaptación, no de un día para otro, en que empezamos a sentirnos invisibles y conscientes de que existimos, pero de forma distinta.

Han sido tantos años siendo el oscuro objeto del deseo de los hombres, que ahora nos tenemos que acostumbrar a pasar desapercibidas. Recuerdo cuando andaba por la calle hace unos cuantos años. Era jovencita y veía un grupo de hombres en un bar o en un andamio. Cruzaba la acera de enfrente porque me daba vergüenza sentir sus miradas que me desnudaban. El sector de la construcción era uno de los más ingeniosos a la hora de soltar frases a las mujeres. Aunque me incomodaba por mi juventud, había algunas muy ocurrentes y divertidas:

—¡Guapa, vete por la sombra, que los bombones se derriten!

—Quisiera ser un caramelo para pegarme a tus labios y deshacerme en tu boca.

Más adelante, ya con veintitantos, cuando un piropo lo encontraba grosero o cuando consideraba que no tenía porque oír comentarios sobre mi físico en plena calle, me encaraba a ellos y les replicaba que eran unos irrespetuosos.

Hace poco una mujer me comentaba: «Es curioso que cuando voy con mi hija por la calle, los hombres me miran más». A mí me pasa lo mismo y nos parece estupendo. Cuando dejamos de hacer girar cabezas por la calle es porque hay otras mujeres más jóvenes que cogen nuestro puesto. Empezamos a tener menos presencia y nos sentimos reemplazadas por ellas.

Si hoy es posible que ya no nos devoren en la calle por nuestro físico, quien se fije en nosotras está valorando todo lo que hemos aprendido, lo que somos y lo que podemos llegar a ofrecer. Que no es poco.

Os animo a piropear a los hombres. En definitiva, se trata de lanzar un halago a los desconocidos, a los conocidos, a vuestras parejas. Seguro que les encantará.

En casa

Aparece algún fantasma de vez en cuando. Sobre todo, cuando estoy viendo la televisión y se sienta alguien a mi lado y cambia de canal. O cuando vuelvo de la peluquería con mi nuevo corte de pelo y solamente mi hijo pequeño nota el cambio. Por suerte mi familia me recuerda que para nada soy invisible en ocasiones muy concretas:

- Cuando buscan una sudadera que hace (según ellos) dos semanas pusieron a lavar.

- Cuando son las diez de la noche y la mesa está limpia. ¿Habrá cena o ayuno?

- Cuando buscan las llaves del coche y no las encuentran.

Entonces vienen a buscarme. Menos mal: no soy invisible. ¡Por un momento me había asustado! Es que no me gustan para nada las películas de ciencia ficción.

En el trabajo

En el campo laboral también afecta nuestra invisibilidad. Es evidente que gran parte de las mujeres sienten que los mercados laborales no las quieren. No se equivocan. Hay estudios que muestran que la mayoría de empresas de búsqueda de personal desechan de forma automática currículos de profesionales mayores de 55 años.

Soy organizadora de eventos muy cualificada, tengo 57 años. He perdido mi trabajo y tengo pocas esperanzas de encontrar otro —es el caso de Marta—. Me faltan 8 años para la jubilación y tengo que aguantar estos años como sea. Si no consigo más ingresos, mi pensión no me permitirá vivir dignamente.

Marta es una mujer angustiada y como ella miles de mujeres están preocupadas y asustadas por su futuro.

Marta aporta las ventajas de un trabajador veterano como son: experiencia, contactos, madurez, responsabilidad y equilibrio emocional. Pensamos mejor las cosas. Con nuestros compañeros de trabajo tomamos más precauciones y sabemos cómo tratarles. Las huellas vividas nos han enseñado lo que debemos hacer o procurar no hacer.

En España los mayores de 50 ya son el doble que los menores de 18 y en breve serán la nueva materia por lo que hará imposible el relevo generacional que hasta hace poco se daba en las empresas de forma natural.

Laura Rosillo, experta en recursos humanos que se dedica a sensibilizar a las empresas sobre el valor del talento *senior*, desde la plataforma Talento *Cooldys*, «esto significa que los trabajadores maduros serán imprescindibles en el nuevo panorama laboral».

Hoy en el gimnasio hemos coincidido con Cristina. Es una buena amiga que tiene 53 años, pero aparenta unos cuantos menos. Es menudita, media melena morena, lleva gafas de marca y a la moda. Es de estas mujeres que tienen algo que hace que nos fijemos en ellas. Tiene don de gentes y es una eficiente en relaciones públicas en la empresa de Catering que regenta con su marido. Su empresa ha sido elegida para ofrecer sus servicios en exclusiva en uno de los eventos deportivos más importantes de la ciudad. Cristina se ha vestido con una blusa color pastel y un pantalón estampado beige tierra. Durante más de ocho horas, Cristina ha ejercido su papel de embajadora de la empresa entre canapé y copa de champagne mejor que nadie. Ha saludado a todos y cada uno de los clientes. Después de una dura jornada, al llegar a casa, su hija estaba en la cocina y la ha visto entrar hacia el salón.

—Mamá, ¿has visto que te has puesto la blusa al revés? —le ha preguntado sin darle mucha importancia.

Cristina de repente ha notado que su estómago se encogía y se cerraba en un puño. Todos los repuntes de la blusa a la vista de todo el club deportivo. Cientos de personas. ¿Cómo es posible que ningún ser humano del mundo mundial haya susurrado a Cristina al oído de su pequeño lapsus?

Ella misma se ha respondido: pues porque me he vuelto invisible, está más claro que el agua.

Mira por donde le hemos encontrado el lado positivo. No hace falta gastarnos un dineral en ropa a partir de ahora. Brillamos por lo que somos, con cualquier trapo estamos monas.

CAPÍTULO 3. LOS PORQUÉS DE ESTA ETAPA

¿Por qué me cuesta renunciar a la necesidad que tenemos de agradar?

«Cuando me miro al espejo ya no busco a la que fui en el pasado, sino a la que soy hoy; me alegro del camino andado y asumo mis contradicciones».

—Carolina Herrera

Hoy hemos desayunado en el café de la calle París. Hacía más de tres meses que no nos veíamos. Siempre intentamos vernos las cuatro, pero se nos hace complicado organizarlo con tiempo, porque en muchas ocasiones surgen imprevistos que nos hacen desistir.

Estas son mis chicas:

María

Acaba de cumplir 55 años. Trabaja en el laboratorio de una empresa farmacéutica desde hace más de 30 años. Mujer de complexión fuerte en dieta permanente. Su aspecto es agradable y su voz grave y cautivadora. Tuvo un accidente de coche hace un par de años que le hizo replantearse su vida. Una lesión en la pierna no le permite hacer el ejercicio que quisiera. No es una mujer que haya tenido varias relaciones sentimentales. Estuvo unida a un compañero de trabajo durante casi una década. Nunca hemos sabido muy bien el motivo por el que terminó la historia de amor. Después inició una relación intermitente con Xavier. Le ha durado tres meses escasos.

María nos ha explicado que la relación que tenían era prácticamente fraternal. Es decir, nada de sexo. Pero más bien aburrido y rutinario. Como un compañero de piso. María es trabajadora y muy exigente consigo misma. Ello le ha traído más de un disgusto porque le cuesta gestionar sus emociones. Su perfeccionismo lo aplica en todos los aspectos de su vida. En lo laboral y lo personal. Es muy buena persona y muy sensible. A veces parece arrogante, pero es puro antifaz que no detectas hasta que la conoces más a fondo. Cuando una de nosotras necesita ayuda es la primera que lo deja todo y acude cuando y donde haga falta. Ella dice que no tiene intención de tener pareja. Lo cierto es que, en algunas ocasiones, muy poquitas veces, admite que le gustaría tener un hombro dónde apoyar su cabeza en el sofá. María pertenece a mi grupo de **Amigas Solteras, Libres y Emancipadas**.

Laura

Ha cumplido 53 años. Divorciada y con una hija adolescente, ha montado un negocio de estética después de vender la casa que compartía con su marido. Laura no trabajaba durante el tiempo que se dedicó a criar a su hija cuando era pequeña. Estaba convencida de que su matrimonio era para toda la vida, pero no fue así. Su marido la abandonó cuando se enamoró de su pareja de pádel. Laura tuvo que enfrentarse a un cáncer justo después de su separación. Aun así, pasó el duelo lo más dignamente que pudo y empezó a estudiar y a formarse. Siempre le había encantado el mundo de la estética y el cuidado personal. Laura es extremadamente sensible, aunque fuerte al mismo tiempo. Es un ejemplo de superación y de reinvención. Laura es atractiva y decidida. Nada ni nadie la para. Hace un año conoció a un hombre que la trataba muy bien con el que viajó y disfrutó de los mejores restaurantes. Pero cuando ella le propuso iniciar una vida en común, él desapareció de su vida como si nunca hubiera existido. No piensa rendirse. Todos los hombres NO son iguales. Laura pertenece a mi grupo de **Amigas Divorciadas Luchadoras dispuestas a segundas oportunidades y a las que hagan falta**.

Elvira

Acaba de cumplir 59 años. Es profesora de inglés en un instituto. Hace 39 años que conoció a su marido. En su relación ha habido altibajos, más ahora hay respeto y cariño. Durante muchos años Elvira ha dedicado su vida a complacer a sus amigos y familiares. A disculparse por cosas de las que no era responsable para el bienestar de su familia. En el trabajo siempre estaba disponible aun cuando no tenía ni el tiempo ni la energía suficiente. Renunciaba a su bienestar para encajar con los demás, le preocupaba lo que pensaban de ella.

Una enfermedad la mantuvo postrada en cama durante más de tres meses, hizo que reflexionara sobre todos y cada uno de los aspectos de su vida. Descubrió que la forma de enfocar algunos de ellos no le hacían sentir nada bien. A replantearse muchas creencias que le impedían pensar y hacer cosas para sí misma. Se dio cuenta que ser amable forzosamente y estar todo el tiempo tratando de agradar a los demás le creaba ansiedad e inseguridad. Para Elvira hay un antes y un después. En el trabajo y en casa se siente más valorada. Elvira era una belleza a los 20, 40, y a los 59 sigue siendo una mujer tremendamente atractiva.

Elvira pertenece al grupo de **Amigas Casadas y Estables que se han liberado de cargas emocionales y están dispuestas a quererse más.**

Hoy hemos llegado las cuatro puntuales. María ha venido hoy un poco cabizbaja, pero le ha durado la tristeza no más de cinco minutos.

—Chicas, nos estamos haciendo mayores. Hoy me he visto en el espejo hinchada y no me entra nada de la ropa del verano pasado.

—No eres la única, María —responde Laura—. Si te sirve de consuelo, yo cada año gano un par de kilos. Al que no le guste, que no mire.

—A ver, chicas —replica Elvira—. Yo os veo mejor que nunca. Me ha costado media vida y muchos dis-

gustos llegar hasta aquí. He descubierto que solo tengo que agradarme a mí misma. ¡Tantos años intentando complacer y gustar a todo el mundo! Cuando me miro al espejo, con la leche desmaquilladora en una mano y el algodoncito en la otra, me digo a mí misma: «Pero ¡¿qué me ha pasadoooooo?!».

Y empieza a gesticular muecas de asombro e incredulidad como si estuviera acercándose Carrie de El exorcista a nuestras espaldas. Empezamos a reírnos las cuatro.

Nos cuesta asimilar el paso del tiempo en nuestro cuerpo. Por otro lado, ya no tenemos la necesidad de agradar a todo el mundo.

Más allá de nuestro físico, la clave está en querernos a nosotras mismas tal y como somos.

Es bueno querer gustar a nuestra familia, a nuestros amigos, aunque por encima de todo es vital agradarnos a nosotras mismas.

Los días que nos levantamos con el pie izquierdo, respiramos hondo con la cabeza bien alta y dispuestas a seguir adelante con todo.

Las cuatro hemos decidido renunciar a la necesidad de aprobación externa. Curiosamente, cuando lo conseguimos, nos liberamos de esta obligación y se refleja en nuestros rostros.

¿Por qué me cuesta sonreír cuando estoy mal?

Cuando sonreímos nos sentimos mucho mejor interiormente. La sonrisa se contagia y en todo nuestro alrededor sucede lo mismo. Las personas se dirigen a nosotras de forma distinta. Practicar la sonrisa hace que interiormente nos sintamos a gusto reduciendo nuestra angustia y preocupación.

Sonreír es contagioso. Cuando tú sonríes, el mundo te sonríe. Es una medicina natural para nuestro corazón.

La risa tiene múltiples beneficios:

- Cuando reímos nuestro córtex cerebral libera impulsos eléctricos que obstruyen pensamientos negativos justamente un segundo después de que empecemos a reír. La risa nos ayuda a desterrar nuestros miedos y preocupaciones que en ocasiones nos asaltan por la noche cuando intentamos dormir plácidamente. De igual forma funciona contra los problemas vasculares. Si sonreímos y reímos, el corazón se relaja y ensancha.

- Según un artículo publicado por Sofía Calas sobre *Los beneficios de la risa,* en un estudio realizado por investigadores en el Hospital Sisol de Surquillo de Perú, el buen humor ayuda a cuidar nuestra piel. Mientras que la tristeza hace que las defensas del cuerpo bajen y seamos más propensas a enfermarnos, la risa hace que nuestro cuerpo se enfrente mejor al entorno y nuestra piel se vea con mejor color.

- Si además nos reímos a carcajadas, nuestro corazón bombea sangre a mayor velocidad con lo que es probable que también sudemos o lloremos. Eliminamos entonces toxinas de nuestra piel.

- La risa también reduce el estrés. Segregamos endorfinas, hormonas que potencian nuestro sistema inmunitario y causan sensación de bienestar.

- Según un artículo publicado en ABC y un estudio publicado en la revista Psychological Science de la Universidad de Kansas por los psicólogos Tara Kraft y Sarah Pressman, concluyeron que la risa tiene un efecto en el cuerpo a un nivel químico que provoca a quien sonríe un bienestar físico de 24 horas de duración. Los investigadores reclutaron a 169 participantes universitarios y los dividieron en tres grupos a los que asignaron diferentes expresiones faciales: neutra, sonrisa forzada con palillos y espontánea. Les obligaron a realizar tareas estresantes y después midieron la frecuencia cardíaca de cada uno. Comparados con los participantes que mantuvieron la expresión neutra, aquellos que sonrieron redujeron la frecuencia cardíaca después de recuperarse de las actividades estresantes. Los que forzaron la sonrisa con palillos también obtuvieron beneficios en su salud, frente a los de la expresión neutra. Estos hallazgos demuestran que la sonrisa ayuda a reducir la intensidad de la respuesta del cuerpo al estrés independientemente de si la persona se siente feliz.

- La risa potencia la imaginación, al localizarse en la misma zona donde reside nuestra creatividad.

Hoy después del trabajo hemos quedado con María y con Laura. Elvira no puede venir los viernes porque está haciendo un curso de patchwork y no se lo pierde por nada del mundo. Hemos tomado una cerveza en el bar que hay justo enfrente de casa. Nos hemos puesto al día de todo y de todos: de la hija de Laura, en plena adolescencia y cada día más rebelde; del trabajo, de las vacaciones... María nos ha contado que se encontró hace un par de días en el supermercado a su exnovio Carlos, cuya relación duró aproximadamente un año.

Era un chico un poco raro. Más bien un maniático del orden y la limpieza. Se cruzaron en el pasillo de desinfectantes para suelos y baños. Mientras lo explicaba, han venido a nuestra mente situaciones que María nos había contado durante su relación. Cuando a María le caía una gota de agua en el suelo del baño, su novio corría a pasar la fregona y la regañaba como si fuera una niña pequeña. Y si colocaba el trapo de la cocina con el estampado al revés, también se enfadaba muchísimo. Conocía todas las marcas de los productos del baño con sus ventajas y desventajas. Le llamábamos Mr. Proper. Era guapísimo. Siguiendo el hilo de la conversación y recordando las mil y una historias de Don Limpio, hemos empezado a vomitar las tonterías más inverosímiles producto de nuestra imaginación, riéndonos tan a gusto. Cuando nos hemos despedido éramos distintas. Hemos descargado nuestra energía negativa en los treinta minutos que no hemos parado de reír.

Os recomiendo un buen café de risas para desconectar de la rutina. Para aliviarnos de los comentarios amables y al mismo tiempo inquisidores de nuestros jefes, del compañero de trabajo milenium que siempre está en todo, aunque cuando mete la pata nadie se entera, de nuestros hijos que son maravillosos, pero van a la suya, de esta cuñada mosquita muerta que siempre mete cizaña en la familia, de la amiga que tiene mucho tiempo libre y que nos colapsa el teléfono con vídeos de WhatsApp que borramos sin abrir, ...y así llegaríamos al final de la página. Menos mal que nos hemos reído de todo porque si no, no quiero ni pensar cómo manejaríamos estas situaciones sin buscarle la parte divertida.

¿Por qué vivo anclada en el pasado y me cuesta tanto reconocerlo?

«Al pensar en el pasado podemos experimentar sentimientos de arrepentimiento o de vergüenza, y al pensar en el futuro, sentimientos de deseo o de miedo. Pero todos estos sentimientos surgen en el momento presente y lo afectan. La mayor parte del tiempo, el efecto que causan no nos ayuda ni a ser felices ni a sentirnos satisfechos. Hemos de aprender a afrontar estos sentimientos. Lo más importante que debemos recordar es que el pasado y el futuro se encuentran en el presente y, si nos ocupamos del momento presente, podremos también transformar el pasado y el futuro».

—TIC NHAT HANH

Elvira y Luisa han coincidido hoy en clase de patchwork. A veces se reúnen en el patio que hay en la parte trasera de la tienda hasta diez mujeres. Y no son más porque el aforo de la tienda no lo permite. Su dueña, Josefina, decidió invertir parte de una herencia en un sueño que deseaba desde hacía mucho tiempo. Un espacio donde poder interrelacionarse con mujeres que disfrutan de una misma afición. Es un negocio que no le da grandes ingresos pero le permite pagar los gastos del alquiler cómodamente.

Sus edades oscilan entre los 45 y los 70 años. Su nexo de unión es su amor por la costura. Mientras cosen, cada una de ellas expresan sus opiniones y sentimientos de una manera distinta. Estos pequeños momentos se han convertido en grandes placeres. Aunque solo sea un día a la semana, se ha creado un vínculo fuerte entre ellas. Todo lo que se habla en el taller queda entre los hilos y las telas. Excepto dos de ellas, que son amigas hace años, desde que coincidieron en el colegio de sus hijos, el resto se conocen desde que empezaron el curso hace unos meses. Son perfectas desconocidas.

Casi nunca faltan a clase a no ser que sea por obligaciones de causa mayor. Elvira ya no toma café con nosotras los viernes. Hoy han celebrado la feliz noticia de que una de ellas va a ser abuela. Es Johana, que tiene una hija de 28 años y será mamá por primera vez. Sin darse cuenta, cada una ha hecho un salto retrospectivo a su pasado. Han recordado los embarazos, los mareos, el dolor del parto, las contracciones. Recuerdos de hace unos 20 años y más. Después de los partos, han empezado a hablar de las noches de insomnio, de los pañales, de los cólicos y del primer día de la guardería.

Ellas mismas se han sorprendido de todo lo que recordaban. A todas se les han despertado sensaciones que tenían aletargadas en su mente. Hacía mucho tiempo que no hablaban de chupetes y biberones. La mayoría de las mujeres tenemos la virtud de acordarnos de todos los detalles vividos como mamás primerizas de nuestros hijos como si hubieran transcurrido 20 días en lugar de 20 años.

Sin embargo, hoy Luisa se ha sincerado un poco más. Es un poco reservada: aunque suele participar de las conversaciones, lo hace de forma activa y discreta. Luisa se casó a los 25 años y fue madre por primera vez a los 29. Unos meses después de que naciera su hijo, su marido falleció repentinamente por un ataque cardíaco. Tenía 33 años.

En aquel momento, Luisa trabajaba en una empresa multinacional en la que tenía que viajar por distintos países durante quince días al mes. Cuando se iba de viaje, surgía en ella un sentimiento de culpa por abandonar a su bebé. Ella luchaba en su fuero interno porque se juzgaba a sí misma por dejar a su hijo pequeño en manos de sus abuelos tantos días. Luisa empezó a desarrollar un sentimiento de culpa cada vez mayor. Su madre cuidaba del niño, pero le hacía notar siempre que quizás su actitud no era la correcta. Luisa vivió unos años que ella califica de duros y complicados. Se culpa de no haber buscado un trabajo en el que no tuviera que ausentarse tanto y poder cuidar a su hijo. Aún hoy cuando se expresa, reconoce que su sentimiento de culpa la ha estado atormentando mucho tiempo. Es consciente de que en aquel momento no tenía muchas opciones, no obstante, se arrepiente de no haber sido más lanzada buscando otros proyectos empresariales. Sus padres con su buena intención tampoco la ayudaban emocionalmente. Se sentía juzgada por ellos y sus opiniones.

—Lo que de verdad siento muchísimo es haberme perdido la infancia de mi hijo —se lamenta Luisa—. Os escucho a vosotras y tengo envidia de todo lo que yo no pude hacer.

—Luisa, no te juzgues con tanta dureza —le contesta Josefina—. Todas nosotras hemos tomado decisiones en nuestras vidas y nos han marcado de alguna manera. Nuestros puntos de vista sobre los sucesos a veces tampoco son los mismos y nos damos cuenta más adelante de que nos dejamos llevar. Hemos cogido el tren de la vida y no bajamos en ninguna estación por miedo a no poder subir en la siguiente.

Hoy en día Luisa disfruta de una buena relación con su hijo adolescente, tiene claros sus valores, prioridades y está ahí para lo que él precise. Cada vez que le asalta el sentimiento de culpa se pregunta qué se está perdiendo del presente por vivir enganchada en la culpa. Y entonces vuelve al aquí y ahora.

Margaret Manning, fundadora de *Sixty and me*, nos da algunos consejos para vivir cada etapa de forma intensa.

El momento es hoy. Soy totalmente consciente de que en un instante nuestra vida puede dar un giro radical. Ahora es el momento de hacer lo que te apetezca sin necesidad de dar explicaciones. Céntrate en el presente y no te ancles en malas experiencias pasadas... Centra tu atención en cada momento de tu vida. La vida pasa muy rápido y a veces nos damos cuenta de que nuestros sueños e ideas eran totalmente distintos a la realidad. No sabemos lo que nos espera a la vuelta de la esquina. Todas las etapas de la vida son mágicas; ámalas todas y cada una de ellas.

Durante una larga etapa de nuestra vida disfrutábamos de una situación económica estable. Mi marido era director ejecutivo de una multinacional. A partir de los 45 años la situación laboral de mi pareja cambió y decidió fundar una empresa con uno de sus amigos. Era un antiguo compañero del colegio y después de reencontrarse 25 años después decidieron unir sus talentos, experiencias y economía. La empresa les proporcionó ingresos durante cierto tiempo, aunque las expectativas y sobre todo la dedicación de ambos eran distintas. También lo eran sus intereses financieros y profesionales.

A partir de este momento nuestra posición acomodada pasó a formar parte del pasado. Nos costaba mucho aceptar que debíamos reducir nuestros gastos. Pasamos unos años intentando reflotar el negocio y recordando que cualquier tiempo pasado fue mejor. Ello nos generaba un gran desgaste emocional. Después de varias discusiones acerca de cómo enfocar nuestro futuro, lo hicimos, pero en el presente. Decidimos vender nuestra casa. Era nuestro hogar y cada rincón estaba grabado con nuestros recuerdos, sin embargo, solo era material. Nuestra situación financiera y emocional mejoró notablemente. Paralelamente, mi marido, una vez terminada la relación tóxica con su exsocio, emprendió un nuevo camino profesional más creativo, beneficioso y rentable.

El pasado es nuestra historia y solo nuestra. La vida es demasiado corta para preocuparse por algo que ocurrirá en un futuro. El presente lo vivimos con atención.

CAPÍTULO 4. ESTÁS EN TU MEJOR ETAPA

Acepta tu edad

¿Te asustan los cambios físicos de tu cuerpo?

¿Eres de las que cuando han cumplido 50 años se han quedado permanentemente con esta edad?

Sé feliz con cada año que cumples. Piensa que cada año merece la pena vivirlo.

No tengas miedo a vivir esta etapa. Todas tenemos amigos y familiares que no han podido llegar a esta edad. Es cierto que esta sensación suele aparecer no siempre con la misma edad. Yo acabo de cumplir 57 años. Y aún hoy me considero una persona vulnerable, y a veces tengo miedos, pero en cualquier caso también soy valiente. A nuestra edad os aseguro que todavía nos quedan muchos sueños que cumplir.

Simplemente la edad que tenemos es la que es y esto es lo mejor que nos puede pasar. Esta nueva etapa es un nuevo capítulo de nuestra vida. Las preocupaciones de esta etapa no son las mismas que cuando teníamos 30 años. Nuestra esperanza de vida va aumentando y no tenemos una guía para vivirla. Solo sabemos que cada capítulo es distinto del anterior, y podemos vivirlo igual o de forma más intensa. Solo depende de nosotras mismas. No sé si a vosotras os pasa, que a veces interpreto cosas basándome en mis miedos y no en lo que realmente pienso.

Alguna vez me olvido de apagar el fuego y a veces abro la nevera y no recuerdo si tengo que coger tomates o calamares. No me preocupa demasiado porque en mayor o menor medida nos pasa a todos/as. A mi suegra con 84 recién cumplidos le pasa lo mismo. Hace años que se queja de su mala memoria.

Sí que es cierto que hoy en día los 50 o 60 años no tienen nada que ver con los de nuestros padres y menos con los de nuestros abuelos. Por ello nos sentimos afortunadas. Por poder verlo y contarlo.

Haz las paces con el espejo

— Coco Chanel

El único secreto de belleza, es aprender a parecernos más a nosotras mismas y menos a cualquier otra mujer. Cuando nos miramos al espejo y vemos los cambios físicos que se han producido en los últimos años, nos sorprendemos y es normal. Aunque nos sintamos más jóvenes de lo que delata nuestro aspecto y por mucha cirugía estética que nos hagamos, los años pasan para todas y nos hacen conscientes de que la vida se acorta cada día que pasa.

En la sociedad de hoy, si basamos nuestra autoestima de la primera juventud en nuestra belleza, nos costará un poco más hacer las paces con el espejo.

Si somos fieles a nuestro estilo nos sentiremos guapas y elegantes. Cada una de nosotras tiene el suyo.

La única manera de estar bella es sintiéndote a gusto con tu forma de vestir. Puedes usar dorados y plateados, lo que a ti te apetezca. Sé tú misma. No es fácil escapar de los cánones de belleza. Seguro que si te sientes bien con tu aspecto los demás lo percibirán.

Acepta los cambios

Acepta los cambios de tu cuerpo, de tu mente: nuestras prioridades cambian. Seremos más felices si estamos abiertas a nuevas ideas, nuevos pensamientos, nuevas costumbres.

Cada década tiene algo especial y cosas positivas que seguramente nunca hubiéramos pensado. Si algo podemos aprender a lo largo de los años, es a intentar aprovechar lo mejor de cada etapa.

Actitud

«La actitud es como me ubico ante lo que me sucede».

—Marian Rojas Estapé

Jesús dijo:

«Si tuvieran fe, aunque fuera tan pequeña como una semilla de mostaza, podrían decirle a esta montaña: "Muévete de aquí hasta allá", y la montaña se movería. Nada sería imposible».

(Mateo 17: 20)

Tú eres la única que tiene el poder de elegir tu enfoque, tu actitud, tu punto de vista. Tú eres la escritora de tu vida. No es que los problemas desaparezcan, pero tu forma de asimilarlos depende de ti y según ello, tomarás decisiones distintas que cambiarán los resultados, y, por lo tanto, tu historia.

Síndrome del nido vacío. Nuestros hijos empiezan a hacer su vida

---

Hoy me he sentado con Laura en un banco en la placita. Se ha acercado a nosotras Natalia, mi vecina, siempre dispuesta a apuntarse a lo que surja. Hace un sol espléndido y nos hemos regalado unos minutos de buena compañía las tres juntas. Natalia está visiblemente triste porque su hijo Mario ha decidido irse a vivir con su pareja. Mario es su único hijo y ha cumplido 28 años. Sí, aunque es mayor y es la edad ideal para emanciparse. Natalia ha de asumirlo.

Es un hecho que tenía que pasar antes o después porque es ley de vida. A pesar de todo, su relación es muy estrecha y ella echará de menos su compañía. Natalia enviudó cuando Mario cumplió 18 años. Aun sintiéndose sola los sábados queda en casa porque sus amigas no quieren o no pueden salir. De momento no tiene intención de tener pareja. Se ha refugiado en sus hermanos, su círculo estrecho de amistades y su trabajo.

—Chicas, ya sé que es normal que Mario se vaya y tendría que estar contenta por él, pero es la alegría de la casa y no sé qué voy a hacer sin él —explica Natalia.

—Y si le ayudas a decorar su piso; cuando veas que está bien, no querrás que vuelva, te lo digo por experiencia —le contesta Laura, que hace tres años que su hija Mar dejó la casa familiar y se fue a vivir con su pareja. Hace dos meses que se ha separado y ha vuelto al hogar.

—No es que Mar nos moleste, pero ya estaba acostumbrada a mi rutina. Como ella, que también tenía su forma de cocinar, sus horarios, sus clases de canto a las cuatro de la tarde y la nevera llena de kéfir, kombucha y otras variedades.

Mar le ha prometido a su madre que en un máximo de tres meses se trasladará a un piso que va a compartir con una amiga suya. Laura respira tranquila. Su relación volverá a ser la de antes. Mientras tanto intentarán ser tolerantes y respetar el propio espacio de cada una. Y si tuvieran que convivir más tiempo por necesidad, quizás encontrarían el punto medio para hacer su vida lo más llevadera que se pueda si las dos se esfuerzan en lo posible.

Natalia comprende que su situación es distinta y que con el tiempo la normalizará.

El síndrome del nido vacío puede significar un cambio importante en nuestras vidas, o prácticamente ser inexistente. En un primer momento logramos pensar que la sensación de tristeza que podemos experimentar es normal, siempre y cuando este sentimiento no interfiera en nuestra vida diaria.

Cuando aceptamos que nuestros hijos han crecido y no son de nuestra propiedad, adaptamos nuestro hogar a esta nueva etapa.

Mientras tanto, a los cincuenta y tantos, algunas de nosotras estamos todavía discutiendo la hora de vuelta a casa de nuestros adolescentes. Algunas somos mamás taxistas y otras veces nos hacemos las locas. Curiosamente, somos las madres más estrictas y controladoras del grupo de amigos. Nuestras normas son las más duras que nuestro pobre hijo o hija debe soportar.

CAPÍTULO 5. ¿QUÉ MIEDOS PUEDEN APARECER?

Los miedos crecen según el protagonismo que damos a nuestra vida. Si creemos que no podemos vencer el mismo, cada vez ocupa más espacio en nuestro cerebro. No queremos sufrir ni tampoco que se repitan nuestros sufrimientos pasados. **Que no sea el miedo lo que decida por ti.**

A la enfermedad

El sufrimiento nos da mucho respeto. No valoramos nuestra salud hasta que nos falta. Todos hemos perdido a algún amigo o familiar en el camino. Siempre recuerdo a mi amiga Francesca cuando hablamos de salud. Tras una fuerte indisposición durante unos días, fue a urgencias y le detectaron un cáncer de colon en fase avanzada. Los médicos le dieron un año de vida. Después de cinco años sigue luchando y como ella dice, tiene cuerda para rato. Cada día es un regalo para ella. Viéndola luchar, sus amigas no podemos quejarnos, solamente seguir su ejemplo de valentía y fuerza de voluntad.

Hay datos clínicos que manifiestan que la actitud positiva y el apoyo emocional de nuestros seres queridos poseen un poder curativo incuestionable. Lo que nosotras sentimos y creemos puede ser tan relevante como los hábitos a la hora de enfrentarse a una enfermedad.

Según la doctora Marian Rojas Estapé, una actitud adecuada y sana puede ser la medicina natural más poderosa y quizás la menos tenida en cuenta. Nos relata en su libro *Cómo hacer que te pasen cosas buenas* la siguiente anécdota:

Friedman y Rosenman llevaron a cabo un estudio con tres mil quinientos hombres a lo largo de diez años. Primero dividieron a los sujetos en dos grupos. Los del tipo A comprendían los de caracteres más rígidos e impacientes; los del tipo B eran más relajados y tranquilos. Tras esta clasificación preliminar, investigaron la salud de los sujetos, si fumaban o no, cuánto ejercicio físico realizaban, midieron sus niveles de colesterol en sangre y analizaron su dieta. A continuación, esperaron a ver cómo evolucionaban los sujetos. En diez años más de 250 sujetos sanos físicamente padecieron un ataque cardíaco. Resultó que los datos basados en su dieta y en su actividad física no sirvieron para predecir los resultados. El único dato capaz de predecir lo que iba a suceder fue la clasificación inicial en función de su disposición mental. Los sujetos clasificados en el grupo A tuvieron una incidencia de ataques cardíacos tres veces mayor a los de tipo B, independiente del tabaquismo, su dieta y ejercicio.

Siempre debemos estar pendientes de nuestra salud, aunque sin obsesionarnos. Nosotras conocemos mejor que nadie nuestro cuerpo y los cambios físicos y emocionales no deben pasar desapercibidos. No hay excusas para no ir al médico, aunque prefiramos pasar la tarde en cualquier otro lugar.

A la soledad

El sentimiento de soledad puede ser voluntario o no; y cuando es voluntario es una vía para nuestro crecimiento interior, como una forma de conocernos mejor y poder disfrutarla. Las personas nacemos y morimos solas a pesar de que creamos lazos afectivos a lo largo de nuestra vida.

Recuerdo que, cuando era una niña, mis amigas lo eran todo en mi vida. Si alguna vez me abandonaban o tenían alguna actitud hacia mí que creía que no lo merecía, me disgustaba muchísimo.

Ya de adolescente, los lazos de amistad se estrecharon con nuevos compañeros que se cruzaron en mi camino.

Más adelante, las relaciones sociales se basaban en nuestras parejas y después en el mundo de nuestros hijos y sus amiguitos. Siempre conectábamos con unos más que con otros, sobre todo compartíamos aficiones y actividades.

Recibir compañeros y despedirse de ellos a lo largo de nuestro camino es lo más natural del mundo.

Elegimos a las personas con las que queremos estar en cada etapa, de la misma forma que ellas nos eligen a nosotras.

Aún creando estos lazos afectivos necesarios para nuestro bienestar,debemos también valernos por nosotras mismas y encontrarnos tranquilas y en paz. No temas estar contigo misma.

Hoy hemos ido al cine con María y Laura. Hemos visto la película Entre nosotras y nos ha hecho pensar en la soledad. María está soltera. Tuvo una relación intermitente que después de varios años se dio cuenta que no le aportaba nada positivo. Le dejó, aunque el apego era muy fuerte. El duelo le ha durado casi tres meses. Ahora está sola, pero lo prefiere. Su relación con su familia es buena y está rodeada de buenos amigos. Laura está divorciada y empezó una relación con un hombre que a ella le parecía maravilloso. En tres años no han discutido para nada. O al menos esto es lo que nos ha contado.

Laura tiene una niña de 15 años y comparte custodia con el padre. Como Laura y su novio viven en ciudades distintas, le propuso a su flamante novio la posibilidad de vivir juntos. No ahora, en un futuro, como si fuera un proyecto en común. Su novio ha decidido abandonar la relación estable que mantenían alegando que no quiere cambiar su forma de vida: compromiso, el justo. Hace un mes ha desaparecido de su vida. Mi amiga Laura estaba totalmente integrada en la familia de su novio. Acudía a las fiestas familiares y estaba en el grupo de WhatsApp como una más en la familia. Al cabo de un mes, el hombre exestupendo ya ha iniciado una nueva relación. Al principio no sabía de quién se trataba. Es una compañera de trabajo. El verano pasado pasaron unos días de vacaciones todos juntos. A Laura casi le da un desmayo cuando se ha enterado a través de las redes sociales.

Laura se siente en este momento sola y decepcionada. Sigue creyendo en el amor y confía en encontrar una pareja que la comprenda y acompañe. De momento se dará un tiempo y no sabe cuánto tardará en pasar página.

La soledad obligada nos hace sentir abandonadas. Produce vacío interior y aislamiento. Debemos entender que no estamos solas. Siempre podemos pedir ayuda para conseguir que sea una etapa de crecimiento interior. Este es un antiguo miedo de infancia que podemos superar cuando afrontamos la vida como personas adultas.

Según la psicóloga voluntaria de la asociación Lassus, María José González Belmonte, para afrontar la soledad obligada, podemos llevar a cabo algunas acciones:

- Retomar o iniciar actividades artísticas o deportivas. Nos ayudará a encontrar personas con gustos afines a los nuestros y nos facilitará entrar en contacto con futuras amistades.

- Retomar contacto con amistades antiguas. Nunca es tarde para llamar a aquella amiga con la que nos unía una buena amistad, pero hemos dejado desatendida.

- Ser amables. Ser empáticas. Una buena actitud nos ayudará a hacer amistades.

- Trabajos de voluntariado. Nos centramos en las necesidades de los demás, formamos parte de un grupo y no pensamos en nuestra soledad.

- Dejar de ser víctima. No es cierto que nadie quiera conocernos. Si nuestra actitud es positiva seguro que hay personas que nos encuentran interesantes.

- Autoanalizarnos. Buscar dentro de nosotras la razón por la que nos sentimos solas. Y, si es necesario, modificar nuestra autovaloración. Ello nos permitirá no rehuir a una posible amistad por miedo al rechazo.

- Elaborar un plan. Determinar qué tipo de personas nos gustaría conocer y tratar; y a partir de ahí elaborar un plan para conocerlas.

A envejecer

> **«La juventud es feliz porque tiene la capacidad de ver la belleza. (...) Cualquiera que conserve la capacidad de ver la belleza jamás envejece».**
>
> —Franz Kafka

En esta etapa, de 50 a 60, que no somos NI JÓVENES NI MAYORES, no sé muy bien cómo calificarnos.

Según la OMS, el envejecimiento activo tiene 3 pilares: el bienestar físico(salud), el mental (participación en la sociedad tanto de forma individual como colectiva), y el social (la seguridad y la protección, los cuidados a las personas).

Envejecemos lentamente. El reloj marca las horas y hace pasar el tiempo.

Podemos enfadarnos y hacer una pataleta cada vez que cumplimos años. O tenemos la opción de celebrarlo y vivir plenamente cada año. Envejecer es, tanto si nos gusta como si no, un privilegio que no todo el mundo puede disfrutar. Hay mujeres alrededor nuestro, mayores que nosotras que contagian su alegría de vivir. Mujeres que se dedican con pasión a una causa, o a su amor a la familia o trabajo. Su aspecto físico es irrelevante, pero sus ojos desprenden alegría de vivir. Como no podemos detener el proceso de envejecer, vamos a sacarle todo el partido que se pueda a cada año que cumplimos.

La generación *boomer* está proponiendo un nuevo modo de enfocar y reivindicar la edad, mostrando que las mujeres de + de 50 merecemos el protagonismo y lo estamos logrando. Es necesario que mostremos todo lo que somos, inclusive las arrugas, para abordar esta nueva vida que tenemos por delante, y convertirla en tan rica como fue en la juventud. Debemos mirar la edad con nuestros ojos y las de los demás con un criterio más abierto y amable.

Hoy hemos desayunado en la cafetería de la plaza. Mi amiga Lucía ha traído unas fotografías de hace diez años en las que se nos ve interpretando una canción para un amigo nuestro en su fiesta de cumpleaños.

Sorprendentemente, se nos ve más jóvenes. Y digo sorprendentemente porque no hemos notado este cambio físico ninguna de nosotras hasta que lo vemos en las fotografías.

Entonces, hemos decidido empezar a luchar contra la biología.

Declaramos una guerra loca contra la gravedad de nuestro cuerpo, para sostener lo insostenible. Si te despistas, cae para siempre.

- Y las canas. ¡El tinte nos dura justo solo tres semanas! No hay producto que gane la batalla. Empiezo a barajar la idea de dejarme el cabello al natural, blanco o gris, ya no me acuerdo, pero en seguida lo borro de mi mente. Todavía no.

- Las patas de gallo. ¡Cada día son más numerosas! Por no hablar de las bolsas debajo de los ojos. Cada día son más visibles. Aunque usemos una de las mejores cremas del mercado. Ahora que hay productos cosméticos naturales todavía cuesta más decidir cuál es la crema milagrosa. Cada una ha probado marcas distintas, sin embargo, la realidad es que las bolsas siguen bien colocadas en nuestro rostro. Y los párpados se nos van cerrando. Y a las que nos da miedo la cirugía, pues eso...

- Y estos pliegues en la barbilla, que no hay forma de disimular. En unas es más visible que en otras, más ninguna se escapa de tenerlos.

- Y este flotador que se ha aposentado en nuestra cintura. ¡Después de hacer abdominales, cardio y sudar como si estuviéramos en un sauna, no hay forma de desprendernos de él! Además, hemos perdido un poco de cintura. Hasta ahora, típico de hombres. ¡Mientras no se masculinice nuestra voz!

- Las piernas. La celulitis está instalada cómodamente. Cada una de nosotras ha gastado su sueldo en masajes o cremas maravillosas, para reducirlas, aunque sea algún centímetro.

- Los pies. Hablamos de juanetes, espolones... Pero, ¿qué culpa tenemos nosotras de que el médico nos diga que hemos usado tacones demasiados años? Pensábamos que los pies eran para toda la vida. Tal cual. Si no andamos bien, estamos perdidas.

- Lumbagia. Sí, nos hemos levantado esta mañana y nos hemos quedado inmóviles en la cama. Imposible estar de pie. Nos hemos asustado porque nunca nos había sucedido algo parecido. Sin embargo, no somos ni las primeras ni las últimas. ¿Y ahora qué? ¡Esto de la edad es un drama! El doctor avisa que no tenemos que coger peso ni levantarnos nunca de forma brusca. Hasta ahora lo hacía, pero ahora hay que tener paciencia.

La mayoría de mis amigas se cuidan y hacen deporte. No obstante, para tener las mismas piernas estupendas de hace unos años tendríamos que montar la tienda de campaña 24 horas en el gimnasio. Y, aun así, en el momento que dejáramos de hacer ejercicio de forma regular, perderíamos todo lo que hemos ganado con esfuerzo durante tantas horas. La conclusión es, que como hay muchas más cosas por hacer durante el día que nos apetecen más y podemos escoger si queremos machacar nuestro cuerpo varias horas seguidas o encontrar un equilibrio y no obsesionarnos. Yo voto por lo segundo y me lo tomo con humor.

CAPÍTULO 6. ¿QUÉ NOS ESPERA A PARTIR DE AHORA?

Cuídate hoy para evitar los achaques de mañana

- Cuida tu piel. Hazte limpiezas faciales de forma regular, en un salón de belleza o en casa. Lava tu cutis mañana y noche. Protégete del sol con una buena crema. Hidrata tu piel después de la ducha. Cualquier hidratante que te guste su textura y su olor para tu tipo de piel.

- Actividad física. Realizar ejercicio acorde a nuestras capacidades y necesidades: nadar, caminar o ir en bicicleta... Lo ideal es andar 30 minutos diarios; y si puede ser una hora, mucho mejor. Caminar es una actividad gratuita que podemos realizar al aire libre y no requiere de una gran preparación física. Nadar es uno de los ejercicios más completos que existen. Proporciona beneficios cardiovasculares y el riesgo de lesionarnos es mínimo, Tiene el inconveniente de que te mojas el cabello, sin embargo, si esto no te preocupa, no te resistas a practicar este deporte. Por lo menos en verano. Yo he empezado no hace mucho a practicar el remo. Me mantiene en forma y además me ha dado la oportunidad de incorporar en mi vida a 11 ángeles que reman conmigo. Somos un equipo formado por mujeres respetuosas, divertidas y amantes del deporte.

- Trabajar la resistencia. Hacer ejercicios específicos que nos ayuden a recuperar masa muscular. Una vez pasada la menopausia el cuerpo tiende a ganar grasa y perder masa muscular, puede aparecer la osteoporosis (desgaste óseo).

- Dieta saludable: está demostrado que la alimentación y la salud caminan de la mano. Una dieta inapropiada es uno de los principales factores determinantes a la hora de desarrollar enfermedades crónicas como la obesidad o enfermedades cardiovasculares. Es bueno tener en cuenta los cereales integrales. Aportan los mismos nutrientes que los cereales blancos o refinados y más cantidad de fibra. La fibra ayuda a sentirse más saciado, el cerebro da la orden de comer menos y por tanto nos ayuda a mantener la línea.

- Es recomendable para nuestra salud aumentar el consumo de verduras y pescado. La dieta mediterránea es una de las que más se adaptan a nuestro objetivo de comer saludable. Está basada en consumir mayoritariamente alimentos de origen vegetal (frutas, verduras, hortalizas, leguminosas) o aceite de oliva, y moderar el consumo de carnes y grasas de origen animal. Si tenemos dudas, lo mejor es acudir al médico.

- Según indicó a *Infosalus* Mireia Benlliure, farmacéutica y nutricionista en la Unidad de Salud Deportiva del Hospital Vithas de Valencia el 9 de octubre, frente a los malos hábitos de alimentación hay que potenciar el consumo de alimentos ricos en antioxidantes, ya que nos ayudarán a contrarrestar el estrés oxidativo causante de la inflamación y el daño de los tejidos. Según Benlliure, los aportes extra de nutrientes antioxidantes como las vitaminas C y E, la provitamina A y los minerales zinc y selenio, que ayudan a la producción de colágeno —proteína responsable de la elasticidad de la piel que previene su envejecimiento— deben estar también presentes en nuestra alimentación para ralentizar el envejecimiento.

- Los alimentos que contienen estos nutrientes son las frutas frescas, como frutos rojos y cítricos, el pimiento rojo, que es rico en vitamina C, las verduras de hojas verdes, los frutos secos y las semillas, con alto contenido en vitamina E, minerales y Omega 3. El té verde es rico en antioxidantes, la cúrcuma y el jengibre tienen propiedades antiinflamatorias.

- Buenos hábitos de sueño. Dormir es esencial para descansar y estar en forma al día siguiente. Cuando falla el descanso la mente no funciona con normalidad al día siguiente. Los patrones del sueño tienden a cambiar conforme nos vamos haciendo mayores. A veces nos cuesta conciliar el sueño y nos despertamos dos o tres veces, durante la noche. Un buen libro puede ayudarnos a dormir mucho mejor que el teléfono móvil. Algunas amigas toman un vaso de leche caliente antes de acostarse. Otra opción es practicar alguna técnica de relajación a la hora de ir a la cama. No es conveniente repasar todo lo que nos preocupa antes de cerrar los ojos. Seguro que podemos acostarnos con un pensamiento alegre. Yo necesito dormir siete horas seguidas, pero hay quien tiene suficiente con seis y hay quien necesita mínimo ocho. Sea lo que sea, una noche de descanso se reflejará en nuestro rostro.

Escucha tu cuerpo

Tengamos la edad que tengamos, nuestras vivencias, nuestra historia. Escuchemos a nuestro cuerpo. Éste nos da señales físicas o emocionales. La frase «el cuerpo es sabio» es totalmente cierta.

Cuando vemos que el cuerpo nos indica señal de comodidad, podemos seguir adelante. Por el contrario, si notamos alguna inquietud o malestar, debemos ir con cuidado. Si el cuerpo nos indica un dolor, no es necesario que estemos continuamente hablando de ello. Hay personas a quienes les encanta hablar de sus dolores, y esto no hace que se remedien solos. Una cosa es hablar entre nosotras de cosas puntuales, como compartir médicos y soluciones alternativas. El cuerpo es sabio y cada una de nosotras debe escuchar el suyo.

La menopausia

¿Cómo nos afecta la menopausia, esta palabra fea que susurramos y refleja un cambio en nuestro cuerpo?

Afecta a un 90 % de las mujeres entre los 48 y los 54 años. Es el fin de la menstruación y el comienzo de la etapa conocida como climaterio. Se trata de la transición entre el periodo fértil y la vejez. Las mujeres perdemos la función ovárica; y como consecuencia disminuye la producción de hormonas femeninas, estrógenos y progesterona. Sus principales síntomas son:

- Cambios de la figura corporal. Incremento de la grasa corporal (sobre todo en personas que llevan una vida sedentaria).

- Insomnio y sofocos. Los sofocos pueden alargarse hasta cinco años, aunque no afectan de la misma manera a todas las mujeres y están relacionados con el insomnio.

- Ciclos irregulares, frecuentes en la etapa previa.

- Osteoporosis. Es la descalcificación de huesos debido a la pérdida de protección de hormonas femeninas.

- Alteraciones del estado de ánimo: ansiedad, irritabilidad.

- Sequedad vaginal: disminuyen los estrógenos y la lubricación vaginal. El coito puede ser doloroso para la mujer, ya que necesita una fase más larga de intimidad, antes de comenzar a excitarse y lubricar. Es fundamental que expliquemos a nuestra pareja esta situación. Podemos probar alguno de los geles lubricantes que existen en el mercado para contrarrestarla. Quizás el sexo no sea igual que cuando teníamos 20, 30 o 40 años, pero como en cualquier edad... es más importante la calidad que la cantidad.

Los síntomas de la menopausia no afectan de igual forma e intensidad a todas las mujeres. Es bueno tenerlo presente por si notamos alguno de estos cambios.

A mis queridas amigas les he consultado si han percibido algún síntoma que haya afectado a su calidad de vida.

Elvira, por ejemplo, cuenta que una vez sufrió un sofocón tan brutal en el cine que dejó la butaca empapada. Y menos mal que era invierno. Nosotras (aunque no lo manifestamos claramente) pensamos que exagera porque suele utilizar muchos superlativos cuando explica situaciones extremas. En una ocasión un amigo-ligue-colega del trabajo le propuso ir al cine un viernes por la noche. Este chico tenía 35 años, 15 años menos que ella. Era su primera cita. Hacía un par de meses que tonteaban en la máquina del café y en la fotocopiadora.

Elvira se había resistido hasta entonces porque prefiere no mezclar trabajo y placer. Pero de vez en cuando las hormonas le juegan una mala pasada y deja su instinto racional en segundo o tercer plano. En el momento más trepidante de la película, el amigo-ligue-colega le puso la mano encima de la rodilla. Entonces Elvira empezó a notar una repentina sensación de calor y de ansiedad en la piel del cuello, la cara y la espalda con sudoración y palpitaciones. Primero le caían las gotas de sudor de la frente y el cuello. A los pocos minutos sentía su espalda empapada y notaba la temperatura de su cuerpo a 40 grados. Se levantó y se dirigió a oscuras al baño lo más rápido que pudo. Abrió el grifo y empezó a refrescarse toda la espalda, el pecho y el cuello. No duró más de diez minutos. Cuando volvió a sentarse, estaba tan incómoda que no pronunció palabra. Su amigo disfrutaba de la película como un niño.

El sexo a nuestra edad

Puede ser intermitente, inexistente, necesario para algunas y prescindible para otras. Para todos los gustos.

Lo que si es cierto es que el estrés y la rutina matan nuestro deseo sexual. Cada vez nos da más pereza y nos desconecta de nuestra pareja. Es hora de disfrutar de nuestra condición sexual sea la que sea con libertad.

Atrás quedan tabúes y prejuicios. Métodos de planificación familiar por temor a embarazos no deseados, ciclos menstruales y tendencias sexuales.

Conocemos bien nuestro cuerpo y sabemos qué nos produce placer y cuáles son nuestros gustos y fantasías.

El sexo nos aporta múltiples beneficios:

- Beneficia al corazón: al tratarse de un ejercicio físico, la actividad redunda en el corazón y reduce el riesgo de padecer hipertensión.

- En las mujeres, la frecuencia y calidad de las relaciones sexuales disminuyen el riesgo de padecer problemas cardiovasculares como taquicardia, infarto de miocardio e insuficiencia cardíaca.

- Ayuda a tener un nivel mayor de satisfacción en la pareja.

- La masturbación te ayudará a disfrutar completamente de tu sexualidad. Es la mejor forma de aprender las delicias del sexo, dándote placer a ti misma.

- Te hace sentir bien, más feliz y más joven. Las relaciones sexuales constituyen la segunda actividad más importante para conservar la juventud después del ejercicio físico y mental.

Los beneficios son mayores si se practica con una pareja estable, según un estudio de 1998 de los científicos David Weeks y Jamie Kames en el libro *Superyoung: The Proven Way to Stay Young Forever* (Superjoven, la forma comprobada de mantenerse joven para siempre), para cuya redacción estudiaron los casos de 500 personas entre 18 y 103 años en Europa y Estados Unidos.

El sexo en una pareja es cosa de dos. Tu compañero/a también tiene sus necesidades, temores y frustraciones. No siempre resulta fácil hablar de sexo entre dos personas.

Algunas reglas para tener una comunicación fluida con nuestra pareja, tanto si es la misma hace 30 años como si acabamos de conocerla:

1. Evita reclamos y actúa de forma positiva. Céntrate en lo que no funciona actualmente y evita comentarios de desprecio hacia esta persona. Dile cosas como «me encanta como me acaricias», ya que frases de este tipo hacen sentir bien a la pareja porque son un refuerzo positivo.

2. Ten un poco de tacto con tu pareja. Aprender a adaptar nuestra relación a los gustos de ambos. No dar nada por perdido. La complicidad y relación con otra persona no significa que tenga que llegar al coito, sino que hay muchas maneras de relacionarse sexualmente.

3. Piensa antes de tomártelo de forma personal. Si tu pareja no está por la labor y no se siente atraída por ti, no significa que no quiera tener relaciones contigo. Quizás no está de humor. No le critiques.

4. Actúa con paciencia. Si conoces muy poco a tu pareja y no te parece que tenga ganas de hablar de sexo, empieza hablando de la relación en general y después continúa hablando del sexo en sí. Sé paciente.

5. Si es tu pareja estable desde hace muchos años, recuerda situaciones que viviste al principio de estar con ella.

6. Aprende a seducir sin decir una palabra. Quizás es hora de renovar nuestra ropa interior o comprar algún juguete sexual.

Hoy hemos quedado en ir al café París a las 11 de la mañana. María tiene una nueva pareja. ¡Estamos esperando a ver qué nos cuenta con ansias! Parecemos adolescentes. Como tenemos pareja desde hace mil años, nos hace ilusión ver que una amiga nuestra vuelve a tener maripositas en el estómago. Conociendo a María, no explicará detalles, pero por su expresión sabremos si todo ha ido como ella esperaba o no.

María está divorciada y está harta de ligar por internet. Cansada de que la mayoría de hombres que conoce sean como niños, de ir a la primera cita con ilusión después del festejo en la red social y cuando se encuentran cara a cara en su mente aparece la frase si lo sé no vengo.

María ya ha pasado la época del sexo con todos y cuanto más mejor. Ahora le gustaría alguien para ir al cine, para ver una película en casa. Un poco de descanso y buena compañía. Hace un tiempo coincidió con un amor de juventud en un acto público. Se llamaba Manuel y estuvieron saliendo juntos más de seis meses. Después, Manuel la engañó con otra chica de la pandilla. Una de sus mejores amigas. Acabó el romance de la peor manera que os podéis imaginar. Manuel no estaba dispuesto a renunciar a otros amores. Perdieron el contacto y se reencontraron veinte años después. En la exposición, estuvieron conversando y recordando buenos momentos ajenos a todos. Quedaron para cenar juntos la semana siguiente.

Ayer María decidió invitar a su casa a Manuel. Todas estamos ansiosas de oír cómo fue la noche.

—María, ¿cómo fue ayer? —le pregunta Elvira—. ¡Cuéntanoslo todo, por favor!

María, con el semblante serio, empieza el relato:

—Bien, le preparé sopa de cebolla con huevo y filete Wellington de segundo. La casa llena de velas y puse pétalos de rosa en el baño. Resulta que es vegano estricto. Lo cambié rápidamente por una ensalada. Mal comienzo...

Estamos escuchándola embelesadas. ¡No pasa cada día que una de nuestras amigas tiene una cita y nos los explica con tanto detalle!

—Entonces —prosigue María—, cuando hemos terminado la cena, recordando anécdotas pasadas de la pandilla y hablando de nuestras vidas, pero sin entrar en intimidades, he ido al baño. Cuando he vuelto, se había levantado de la mesa y muy a su pesar me ha dicho que se iba porque mañana se levantaba muy pronto para ir a trabajar. Después de tanta preparación, él se lo pierde.

Menos mal que siempre nos queda el satisfyer para estas situaciones.

CAPÍTULO 7. PROPUESTAS PARA CULTIVAR TU MENTE

- El *yoga* ayuda a controlar los altibajos emocionales. Además, es una disciplina que nos ayuda a mejorar nuestra elasticidad y tonificar nuestros músculos. Yo lo he redescubierto hace muy poco tiempo. Cuando tenía a mis hijos pequeños estuve practicándolo y después lo dejé. Ahora he vuelto a descubrirlo. Hay mujeres cuya elasticidad es envidiable. Cada una llegamos a nuestro límite y esto es lo importante.

- *Reiki.* Según explica la profesora Anna Viusà en su libro *Reiki, una vida practicando los principios,* es una terapia que consiste en transferir energía positiva mediante la imposición de las manos, canalizar la energía vital aportando equilibrio físico, mental y emocional. Cuando nos sentimos estresadas, cuando nos cuesta concentrarnos, sufrimos ansiedad, estamos deprimidas o demasiado excitadas, este nos ayuda a equilibrar la energía que altera nuestro bienestar; y a observar la vida sin dar tantas vueltas a las cosas.

• Contacto con la naturaleza. Ella nos ayuda a recargar energía, a relajarnos. Dar un paseo cerca del mar o de la montaña es el mejor remedio para recuperar la serenidad perdida. Movernos libremente y observar la naturaleza despierta nuestra curiosidad y estimula la creatividad. En ocasiones cuando sentimos que el cerebro nos va a estallar, o no vemos solución a nuestros problemas, un paseo al aire libre nos ayuda a desconectar y reduce nuestra fatiga mental. Numerosas investigaciones han comprobado que pasar un rato en contacto con la naturaleza refuerza nuestro sistema inmunológico. Las actividades al aire libre nos ayudan a relajarnos y desestresarnos. Sin estrés somos más libres y podemos concentrarnos mejor en nuestras tareas.

Según expone la doctora Marian Rojas Estapé en su libro *Cómo hacer que te pasen cosas buenas*, la naturaleza nos ayuda a combatir enfermedades mentales que podemos haber desarrollado, a concentrarnos mejor y a pensar de forma más clara. La sola contemplación de la naturaleza ya es beneficiosa para los seres humanos. Lo demostró Ernest O. More en 1981, cuando probó que los presos cuyas celdas contaban con vistas a las granjas de los alrededores de una prisión enfermaban menos que los presos cuyas celdas daban al patio de la cárcel. La doctora Warber, profesora de Medicina Familiar de la Escuela de Medicina de la Universidad de Michigan, en su estudio publicado en la revista *Ecopsychology* en 2014, trató sobre los beneficiosos efectos de pasear en grupos al aire libre, entre los que se encuentran: aumentar la positividad, reducir la depresión y el estrés.

Hace unos meses mi hija y yo nos apuntamos a un interesante taller de *shinrin-yoku* (baños de bosque). Era una técnica totalmente desconocida por nosotras hasta entonces. Proviene de Japón, lugar donde hace años que exploran los bosques. Sus beneficios repercuten en las personas que caminan silenciosamente entre los árboles maduros. Practicar el paseo junto con la respiración, nos permite controlar el ritmo acelerado que vivimos en las grandes ciudades. Disminuye nuestra frecuencia cardíaca, nuestra tensión arterial, bajan los niveles de hormonas del estrés y activa nuestro sistema inmunitario.

Mindfulness

> **«El pez no sabe que está dentro del agua hasta que lo sacan de ella».**
>
> —Adam Smith

Mindfulness significa atención plena en el momento presente. Proviene de la meditación *budista*. Se centra en ocuparse exclusivamente del aquí y del ahora. Esta técnica significa invertir un poco de tiempo en meditar con atención plena sobre lo que están experimentando nuestros sentidos. Ello nos hace ganar concentración, aumenta la eficacia de todo aquello que emprendemos, mejora nuestra atención, la capacidad para aprender cosas nuevas y la creatividad.

Según explica Marian Rojas Estapé en su libro *Cómo hacer que te pasen cosas buenas*:

Sé proactivo. No tengas miedo a creer en la trascendencia de tu ser y de la vida. Aprende primero a respirar con atención en momentos de calma, cuando no estés estresado o sometido a una crisis. Ve entrenando tu mente poco a poco, paulatinamente. Presta atención a lo que te rodea, conectando de forma profunda con tu esencia, hasta llegar a descubrir un mundo maravilloso.

Mi querida amiga Montserrat era una mujer perfeccionista e insatisfecha al mismo tiempo. Continuamente sufría por todo y por todos. En el trabajo la gente de su equipo vivía alerta porque se pasaba el día analizando todos los detalles y los defectos de cada uno. Era muy meticulosa e invertía hasta el último minuto controlando de que todo estuviera correcto. En su vida personal proyectaba sus creencias a su hijo, sin pensar que su hijo tenía las suyas propias.

En su entorno laboral le ofrecieron la posibilidad de realizar un curso sobre la técnica *mindfulness*. Le he solicitado a Montserrat que nos describa los cambios que ha experimentado en primera persona:

«Una vez realizado el curso, he incorporado en mi día a día profesional y personal las herramientas

que esta técnica comporta, básicamente la atención plena, la meditación y la buena respiración.

La aplicación de esta técnica ha conllevado un cambio sustancial en mi persona. Mi sensación de bienestar y paz ha aumentado. Ello ha repercutido favorablemente en mi vida. Mi entorno profesional y personal no tan solo ha percibido estos cambios, sino que pueden disfrutar de ello, ya que he mejorado de forma más que sensible mi relación con ellos. Antes de recibir esta formación y ponerla en práctica, yo era una persona exageradamente organizada, exigente, crítica, preocupada en exceso por problemas sin tener en cuenta su importancia. Era nerviosa e impaciente. Mi punto fuerte era que soy buena persona.

Gracias a los conocimientos que he aprendido sobre el mindfulness, me considero una mujer comprensiva y organizada que admito las improvisaciones. No juzgo. Al contrario, intento comprender que no disponemos de todos los argumentos para hacer valoraciones. Soy más tolerante. Entiendo que las personas somos un todo completo. Tenemos cosas buenas y cosas malas.

Disfruto del momento haciendo las cosas poco a poco y, sobre todo, intento ser yo misma, sin engañar y me comunico con las personas sin ofender, pero sin esconder lo que realmente quiero transmitir. En conclusión, intento ser feliz en el momento presente sin pensar en el pasado y menos en el futuro.

Todos estos cambios han contribuido a que mi vida sea más placentera y también hace que mis relaciones personales y profesionales se beneficien de ello.

En mi entorno laboral, este cambio conductual ha permitido una mejora más que considerable en el ambiente y la productividad de mi equipo ha aumentado».

Para nosotras, a cualquier edad, diez minutos al día de atención son suficientes para descansar la mente. Puedes cerrar los ojos donde sea y a cualquier hora del día, luego comienza a respirar profundamente y tu mente empezará a descansar.

«Aunque el *mindfulness* utiliza una serie de herramientas muy específicas, no es en sí tan solo un conjunto de ejercicios, sino que representa una forma diferente de vivir. A través de su práctica se descubre una forma nueva y mucho más enriquecedora de relacionarnos con nosotras mismas», según cuenta el Dr. Mario Alonso Puig en su libro *Tómate un respiro*, en el cual, bajo una sólida base científica, explica con mucha claridad, rigor y seriedad los beneficios de esta técnica.

CAPÍTULO 8. CULTIVAR LA GRATITUD Y EL ASOMBRO

Una de las virtudes que nos ayuda más a ser felices es la gratitud.

Cuando éramos pequeñas nos enseñaban a dar las gracias cada vez que nos daban algo, especialmente si recibíamos algo nuevo.

La palabra *gracias* estaba en nuestro vocabulario como lo estaba el saludar, despedirse y muchos vocablos que nos enseñaron en nuestra educación.

Cuanto más agradezcas lo que tienes, más motivos te dará la vida para sentirte agradecida.

Dar las gracias de corazón hace que valoremos todo lo que tenemos, nuestra familia, nuestros amigos. No se trata de darlas sin sentirlo de corazón.

En esta maravillosa etapa de la vida que nos tocará vivir, agradecemos cualquier detalle por pequeño que sea.

- La luz que entra en nuestra habitación al levantarnos.

- El desayuno de los domingos, en la cama, en la cocina. Sin estrés y sin prisas.

- Los ojos que nos permiten disfrutar de lo que nos rodea.

- Los amaneceres y atardeceres espectaculares.

- El camarero que nos sirve el café con leche de avena bien caliente como nos gusta a nosotras.

- Nuestra madre, pareja o hijo que nos ha preparado la cena con amor.

- Nuestros compañeros de trabajo que nos ayudan a resolver un problema en medio minuto y nosotras hubiéramos tardado una hora entera. Y además nos preguntan si necesitamos algo más.

- Nuestros amigos que están ahí al lado, pase lo que pase.

- Los conocidos que, en momentos complicados de nuestras vidas, nos ofrecen su ayuda. Y casi no sabemos nada de ellos. Sin pedir nada a cambio.

- Esta amiga que nos ha llamado hoy y nos ha hecho sonreír.

- El sol de invierno que entra tímidamente por la ventana.

El sentido de la gratitud se puede trabajar. No demos nada por hecho ni por sentado. Cuando lo expresamos nos sentimos mejor. Cuando estamos molestos con nuestra pareja, con un amigo o con un familiar, es porque nos estamos enfocando en lo que no nos gusta de esta persona. En el momento que nos centramos en lo que nos gusta de ella, ese enfado va a disminuir.

En una ocasión, en la que llevaba tres días sin hablar con mi marido por una discusión doméstica, una de mis mejores amigas me hizo una pregunta:

—Cuando te enfadas con tu pareja, ¿es tan grave como para pensar en la separación?

—No, la verdad, tampoco quiero llegar a este extremo —le contesté.

—Si no es así, intenta no estar "estar de morros" mucho tiempo y suelta lo que molesta. Porque cada día que pasas enfadada es uno menos para disfrutar de la vida.

Desde ese entonces intento recordar cualidades suyas positivas. A veces me cuesta más, a veces me cuesta menos.

Yo estoy agradecida y espero poder llegar a los 60 con la misma ilusión que a los 50. En ocasiones podemos llegar a imaginar que no nos merecemos todo lo bueno que nos ocurre, pero no es así. Lo que no es tan bueno y entorpece nuestras vidas llega igualmente. Entonces lo mejor es agradecer todo lo que tenemos.

En una ocasión hablando con mi amiga María de nuestra infancia, me confesó algún recuerdo de cuando era muy pequeña. Su madre, a la que quiere con locura, siempre estaba quejándose de todo lo que le pasaba. Su padre perdió la empresa industrial familiar que tenían y su esposa siempre le echó en cara a su marido que no hubiera podido sacar a flote la compañía. En cambio, nunca le agradeció los 20 años de bienestar y cariño, y los esfuerzos que suponía para él intentar mantener el nivel de vida a los que la familia estaba acostumbrada.

María recuerda a su madre siempre malhumorada por su situación económica y con semblante serio y preocupado. Su carácter cada vez era más pesimista y no estaba contenta con nada. Con el paso del tiempo empezó a adaptase a la situación, incluso siempre había algún defecto o error que le parecía que podía criticar de su marido. Al cabo de unos cuatro años, el padre enfermó y falleció a los tres meses. La madre de María entonces cayó en una depresión, producto en parte del sentimiento de culpa que sentía por haber estado menospreciando a su marido durante tanto tiempo. Todo esto, María y su hermana lo vivían en primera persona. Sobre todo, María cuando decidió irse de casa e independizarse. En aquel momento entendió lo que significa gratitud. Empezó a vivir disfrutando de sus amigos, de su libertad. Apreciaba las pequeñas cosas del día a día. A su madre le ha costado mucho tiempo entender que se sentirá más feliz siendo agradecida que anhelando siempre lo que no tiene. Ahora sigue

---

Aprender

«La vida no es esperar a que pase la tormenta. Es aprender a bailar bajo la lluvia».

—César Évora

Desarrolla la capacidad de asombrarte

Según el artículo publicado por Rocío Carmona, editora y escritora de "Lo que me sucedió cuando rompiste mi corazón". Existe una receta que produce grandes transformaciones a quien las aplica. Es la capacidad de entrenar el asombro. En medio del caos diario, se cruzan en nuestro camino oportunidades para sorprendernos y maravillarnos. Cuando se nos pone la carne de gallina es toda una experiencia.

Según recientes investigaciones, el asombro conlleva un amplio rango de beneficios en la sensación de felicidad y en la salud.

La capacidad de quedarnos boquiabiertos sucede de mil maneras.

Situaciones como una puesta de sol en las montañas, ver el mar en toda su expansión hasta el infinito, escuchar la risa de un niño, coger en brazos un bebé, acudir a un concierto multitudinario, subir a lo alto de un valle y contemplar el paisaje, asistir a un evento deportivo.

SI CAMINAMOS CON LOS OJOS PEGADOS A LA PANTALLA, ES DIFÍCIL MARAVILLARSE.

Es un sentimiento que estimula nuestra curiosidad y nos hace descubrir cosas nuevas y facetas nuestras que desconocíamos.

Uno de los investigadores del asombro más conocido es Acher Welter, profesor de psicología de la Universidad de Berkeley. Junto a otros expertos nos indica que el asombro nos hace más inteligentes, más creativas y nos pone de buen humor. Maravillarse agudiza nuestras capacidades del cerebro. Nos convierte en personas más curiosas y abiertas.

El asombro puede mejorar nuestra salud y desestresarnos. Algunas investigaciones sugieren que las sensaciones fantásticas que nos produce el asombro nos ayudan a reducir el estrés. La clave está en los niveles de cortisol y dopamina. Así mismo, reduce la hormona del cortisol y aumenta la dopamina, entonces el estrés y la ansiedad se reducen. La molécula de la dopamina se asocia a la confianza y la molécula del cortisol es la del miedo. La presencia elevada de cortisol se produce cuando las personas pasan por estados de ira, desesperanza y angustia.

CAPÍTULO 9. 10 TIPS PARA EMPEZAR ESTA ETAPA CON ALEGRÍA Y NO DEJARLOS NUNCA

«No te rindas, por favor no cedas, aunque el frío queme, aunque el miedo muerda, aunque el sol se ponga y se calle el viento, aún hay fuego en tu alma, aún hay vida en tus sueños, porque cada día es un comienzo nuevo, porque esta es la hora y el mejor momento».

—MARIO BENEDETTI

Nadie nos ha enseñado a vivir la locura de los 20, la crisis de los 40 o la madurez de los 50 años. Cada persona tiene su propia historia vivida. No hay tópicos, sino que es el espíritu de cada una de nosotras lo que hace que seamos capaces de afrontar esta etapa con ilusión y pasión.

Planea tu mejor año

Cumplir años con ilusión es algo que no nos enseñan en la escuela. Podemos aprender y enseñar a nuestras hijas, nuestras sobrinas, nuestras amigas más jóvenes a disfrutar del paso del tiempo.

Elige un tema que te guste. Un objetivo por pequeño que sea dará sentido a tu vida. A veces nos ocurre que nos preocupamos más de nuestros seres queridos que de nosotras mismas.

Identifica actividades que puedes hacer. Seguro que hay algún *hobby* que has dejado, por falta de tiempo.

Es el momento para pensar cómo te gustaría que fuera tu vida a partir de los 50 años. No significa que vayas a cambiar tu vida. Pero puedes incorporar algunas pequeñas cosas que al imaginártelas te harían mucha ilusión. Permítete ser un poco egoísta.

No tengas miedo a envejecer. Fíjate en mujeres mayores que tú, y mira lo que admiras de ellas. Su ilusión, su alegría de vivir, su energía, su amor a la familia. Lo que hagas hoy es la base de tu futuro. A los 16 años me parecía que una mujer de casi 40 era mayor, y tuve a mi tercer hijo a los 39.

Haz de esta etapa la mejor de tu vida

«**Puedes ser preciosa a los 30, encantadora a los 40 e irresistible el resto de tu vida**».

—Coco Chanel

¡Nunca es tarde para hacer lo que te hubiera gustado y hacer y no hiciste!

Sigue tus planes, tus deseos, tus ilusiones. Hasta ahora has sido capaz de superar tus derrotas y levantarte después. ¿Cómo no vas a conseguirlo ahora?

Desde que somos pequeñas cada una de nosotras tiene su sueño. Los sueños nos ayudan a vivir con ilusión y con esperanza. Dentro de nuestra realidad busquemos un sueño que podamos realizar. No hace falta compartirlo si no te apetece. Puede ser cualquier sueño. Puede ser un proyecto, un viaje. Los sueños son muy personales y beneficiosos. Siempre y cuando no nos alejen de la realidad.

Tenemos que creer en este sueño, sea el que sea. Por ejemplo, no hace falta decir que no vamos a soñar algo irreal como por ejemplo que nos toque la lotería porque no depende para nada de nosotras. O dar la vuelta al mundo si nos cuesta llegar a fin de mes.

Se trata de imaginar algo que nos hace ilusión hacer.

Informarnos y formarnos.

Ponernos en marcha.

Sofía tiene 59 años y está divorciada. Después de la separación su situación económica ha mermado considerablemente. No puede permitirse muchos caprichos. Siempre ha soñado con ir al sur de Francia durante seis meses a estudiar francés. Realmente, no está muy segura de que este sueño pueda realizarse. El coste del viaje y del curso no se lo puede permitir, pero todavía le quedan seis años para la jubilación y ha empezado a introducir monedas de dos euros en botellas de agua de un litro y medio. Es un proyecto a largo plazo y hace más soportable las intensas jornadas de trabajo a las que a veces está sometida. Ya va por la cuarta botella. Sus amigas ya la visualizamos en medio de los campos de lavanda, a los 65, 70 u 80 años.

Juana tiene 55 años y su ilusión es escribir la autobiografía de su vida. Desde muy pequeña su padre la maltrataba psíquicamente y le amenazaba con que si lo contaba la encerrarían en un reformatorio. Además de que era la palabra de su padre contra la de una mocosa como ella, tenía doce años y estaba bloqueada mentalmente. Un día en la escuela vino un orador a hablar del maltrato de las mujeres y al escucharlo se dio cuenta de que la situación que contaba era similar a la que ella vivía en su misma casa. Entonces, con mucha vergüenza un día en la clase de tutoría le explicó a su profesora el maltrato que sufría. A partir de aquel momento, empezó a sentirse arropada por personas que prácticamente no conocía y la ayudaron a seguir adelante. A no callar por temor al qué dirán. Después empezó en la universidad, encontró una pareja y formó una familia. Y ahora a los 55 años se plantea desenterrar el fantasma de su infancia. Ahora puede explicarlo como si su pasado fuera una obra de teatro y ella una espectadora. Dispuesta a narrar su historia para ayudar a todas las mujeres que han callado tantos años su maltrato.

Diviértete

Disfruta de todo aquello que te hace feliz. Dedícate un tiempo a pensar en las cosas que te gustan. Intenta hacer actividades nuevas. Te sorprenderá el resultado. Puedes hacer lo que quieras, nadie va a juzgarte por ello. Esta es la gran ventaja de llegar a los 50 años. Puedo hacer lo que me apetezca sin rendir cuentas a nadie.

Algo que nunca hayas hecho antes puede darte respeto al principio, pero después te sentirás satisfecha de haberlo hecho.

Algo que te apetezca.

Algo que no habías pensado en hacer y te surge la oportunidad.

Acepta las invitaciones al teatro, al museo. No te quedes en casa por pereza. Hay mucho fuera esperándote.

Comparte con los tuyos estas actividades. ¡Quizás alguien se apunta!

Y cuando salgas y te apetezca recordar los buenos momentos y plasmarlos en una fotografía, hazte un *selfie*. No hace falta que te hagas mil fotos practicando como las adolescentes. Sonríe con los ojos, no escondas el cuello. Sonríe, cabeza alta, aunque te sientas un poco ridícula al fingir. Quedarás genial. ¡Quizás no te importe demasiado, pero debes saber que toda la gente guapa tiene fotografías muy poco favorecedoras que nunca saldrán a la luz!

Déjate ir y valórate

Déjate llevar por tus pasiones, por tus aficiones, por tus sueños.

La mediana edad es una época que despierta muchos sentidos que antes no teníamos tiempo de desarrollar.

Es un buen momento para hacer balance de nuestra vida. Todas tenemos grandes y pequeños logros o retos o objetivos conseguidos que forman parte de nuestra historia.

Uno de los míos ha sido tener tres hijos que son buenas personas.

Si tienes cinco minutos para pensar puedes recordar todo lo que has conseguido.

Si has huido de una pareja abusiva es un gran logro.

Si mantienes tu puesto de trabajo después de mucho tiempo, es que vales mucho y lo suyo te habrá costado.

Si has emigrado a otro país es que eres muy valiente.

Si has educado a tus hijos en la igualdad son afortunados de tenerte.

Si has renunciado a algo que deseabas por el bien de tu familia, dice mucho de ti.

Lo has dado todo tantas veces…

Puedes hacer tu lista de logros y te darás cuenta de que tu vida está llena de triunfos y debes aprender a sentirte orgullosa de ser como eres.

Teresa es una mujer valiente e impulsiva en ocasiones. Llevaba veinte años de matrimonio con David. De cara a la galería parecían felices, pero todas éramos conscientes de que el monstruo de los celos siempre estaba presente en sus vidas. Con el paso de los años, David, un hombre encantador, empezó a imaginar que Teresa lo engañaba con Ramón, un antiguo compañero de la universidad que había reencontrado en las redes sociales. Cada vez discutían más por diferencias en el modo de ver las cosas y sus proyectos de vida se volvieron incompatibles.

David quería salir por las noches, y Teresa prefería quedarse en casa. Las discusiones provocadas por las distintas formas de ver la vida eran cada vez más importantes y ninguno de los dos estaba dispuesto a ceder. Los ataques de celos de él eran cada vez más frecuentes; y sin darse ni cuenta, empezaron las faltas de respeto por ambas partes. Teresa estaba cansada de las broncas y de estar ahogada en su vida rutinaria, sin embargo, Ramón la hacía sonreír. Una noche, después de una discusión acalorada y fuera de tono en la boda de unos amigos provocada por ellos mismos, ella cogió cuatro cosas y se fue de casa. Tenía 55 años y no tenía un trabajo estable. No obstante, tenía claro que no le compensaba para nada mantener una relación tóxica con su pareja. Alquiló un piso y estuvo unos meses pensando si se había precipitado en tomar esta decisión. Teresa continúa la relación de amistad con Ramón y encontró trabajo en una residencia de ancianos.

Hoy tanto Teresa como David han rehecho su vida sentimental por separado y mantienen una relación cordial. Sin culpables o inocentes.

Cultiva tu mente y aprende

Encuentra lo que te absorbe sin importar la fecha de tu DNI.

Cuando superamos un reto y aprendemos cosas nuevas nos sentimos mucho más felices. Busca actividades que hagan que te sientas bien.

Sería fantástico encontrar un *hobby* que nos gustara lo suficiente y que el tiempo pasara volando mientras nos dedicamos a ello.

Pero no basta con decirlo, tenemos que buscarlo y aprender si es necesario. Cada una de nosotras tiene su propio método. Escuchar nuestra voz interior, aunque sea flojito, nos ayuda a despejar dudas y nos aconseja mejor que nadie.

Ojalá conociéramos tan bien nuestras habilidades como nuestros defectos.

Encuentra algo con lo que te puedas comprometer a mejorar, tanto si es la cocina como la pintura o el *yoga* o cualquier otra actividad o proyecto.

Un consejo: evita el sofá y coge un libro de vez en cuando.

«La peor enfermedad es el aburrimiento».

—FREDDY MERCURY

Disfruta de la naturaleza. Puedes pasear por el bosque, hacer senderismo en la montaña, acercarte a ti misma.

Haz ejercicio. Segrega dopamina que es la hormona del bienestar. Es efectivo para combatir el estrés, la ansiedad y la depresión. Si es al aire libre sus efectos son aún más beneficiosos para el organismo. No importa si tienes muy poca flexibilidad o te cansas enseguida. Puedes mejorar. Cuanto más practiques, más progresos harás.

Puedes ir a la universidad. Hoy día existen universidades a distancia si no tienes ganas o tiempo para ir a las clases presenciales. Aunque te sorprendería ver las personas de más de 50 años que asisten a las clases.

Puedes apuntarte a talleres gratuitos o cursos de corta duración. Te ayudan a socializar, mantienen tu mente activa y aprendes sin la presión que puede tener un estudiante de veinte años.

Puedes aprender inglés o francés o cualquier otro idioma. Te será muy útil para viajar, ver buen cine en V. O. y entrenar la memoria.

Mi amiga Cristina tiene cuatro hijos, tres chicos y una chica. De 27 a 19 años. Cuando la conocí en la escuela, su vida era un torbellino de viajes por trabajo, compras al por mayor en el supermercado para llenar la nevera, mil combinaciones para asistir a los festivales del colegio. Hacía malabarismos para estar en el lugar y día correcto. Éramos unas cuantas que vivíamos una situación similar. Más adelante empezamos a descubrir los Tuppers para nuestros hijos adolescentes y a dormir con un ojo medio abierto hasta que volvían de madrugada.

Entonces Cristina descubrió que por las tardes ya no tenía tantas obligaciones familiares y se apuntó a clases para reforzar el francés aletargado que había aprendido en el colegio.

Hoy está matriculada en el quinto año en la Escuela Oficial de Idiomas, con unas calificaciones brillantes y con un dominio del idioma que ya quisiéramos sus amigas. Lee libros en francés, ve películas en V. O., y yo pienso acompañarla a la Provenza una temporada en cuanto nos jubilemos dentro de ocho, nueve o diez años, o cuando ella diga.

Ordena tu vida

Dedica un tiempo a identificar todo lo que es importante en tu vida. No es tarea fácil. A mí me cuesta priorizar lo importante, ¡no sabéis cuánto! A mis amigas les pasa algo parecido. Cuando nos sentamos y conversamos, y aparece nuestra vena filosófica, damos rienda suelta a nuestras ideas y nos damos cuenta de que: ¡hay tantas cosas de las que podemos prescindir y no afectan a nuestra felicidad!

En el trabajo. Reevalúa tu carrera profesional, seguramente eres más válida en tu empresa de lo que realmente crees.

Sé curiosa, interésate por todo. A veces los éxitos no nos dejan ver más allá. La curiosidad nos mantiene jóvenes. ¡Hay mujeres de 30 años que no tienen ninguna curiosidad; y en cambio hay mujeres de 60 que se levantan cada día ¡con los ojos bien abiertos!

También es un buen momento para ordenar nuestras finanzas. Tener controlados nuestros gastos, nuestros ingresos. Sin obsesionarse, pero sin dormirse en el limbo. Puedes administrar tus papeles, tu casa. Poner orden en tu vida ayuda a sentirse protegida.

Ordena tu armario de vez en cuando. Te sentirás mucho mejor y encontrarás aquel pantalón que dabas por perdido.

Si has alcanzado tu meta, ayuda a los más jóvenes. Nuestra experiencia es muy valiosa y podemos ofrecerles nuestros conocimientos.

Si eres apasionada y competente a partir de los 50 años, es el momento ideal para empezar tu propio negocio. Piensa, planea, investiga. ¡Aunque ser tu propia jefa es duro, ganas en libertad y haces lo que te gusta!

Elimina lo que no te gusta

Y también quien no te gusta. Intenta eliminar los hábitos poco saludables. Es el momento de reducir el tabaco, el alcohol o cualquier hábito que no es muy recomendable.

Y a las personas que no te hacen ningún bien. Las personas tóxicas nos incomodan y sacan de nosotras mismas nuestra peor versión. En ocasiones nos manipulan y saben detectar nuestros puntos débiles. Si no podemos eliminarlas de nuestro camino, tenemos que intentar conseguir que no invadan nuestra vida y poder así conseguir nuestra libertad.

Todas hemos sufrido en alguna ocasión el acoso de personas tóxicas a nuestro alrededor.

Puede ser nuestra pareja, nuestra madre, un hermano, una amiga, un jefe, un compañero de trabajo. Son personas que afectan a nuestra vulnerabilidad de tal manera que nos hacen sufrir y nos perturban.

Hoy durante el café María nos ha explicado que su hermano Manuel va a casarse. Manuel tiene diez años menos que María. Los dos hermanos se quedaron huérfanos de pequeños y María le ha hecho de madre y de padre. La futura mujer de Manuel es una mujer muy controladora. La relación de María con su hermano cada vez es más fría. María no puede evitar sentir una mezcla de celos e impotencia cuando se da cuenta de que la distancia que existe entre los dos hermanos cada vez es mayor.

—Es que no soporto a mi cuñada. Siempre está en medio de nosotros y es celosa y posesiva. Lo peor es que cada vez que he hecho un leve comentario sobre ella, él ha saltado como un león en su defensa. Estoy pensando en no ir a la boda y declinar la invitación con alguna excusa.

Sus compañeras no están para nada de acuerdo. Sobre todo, Elvira:

—Si no vas a la boda perderás la poca relación que te queda con tu hermano. Ya es mayor y tiene que tomar sus propias decisiones.

—No es mayor —replica María—. Es un niño con cuerpo de hombre.

—Sí, un niño con 40 años recién cumplidos —responde Elvira—. Ahora mismo, además de ser un calzonazos, está enamorado.

—Pues por eso. Yo soy su única hermana, al fin y al cabo.

—¿Ves, María? Si te importa de verdad, el día de

su boda tienes que estar a su lado. Piensa que eres su única familia y si él está bien, tú estarás tranquila.

En el trabajo, en el ámbito familiar, en nuestras relaciones sociales, casi todas contamos con personas que nos alteran por el mero hecho de estar presentes. Son personas que por algún motivo nos impactan negativamente. Lo mejor que podemos hacer es marcar distancia con estas personas. Intentar que sus palabras no sean tan importantes como nos parece. Dejar que nos influyan lo menos posible.

La doctora Marian Rojas Estapé en su libro *Cómo hacer que te pasen cosas buenas,* nos recomienda la importancia de rodearse de personas Vitamina.

Son aquellas cuya presencia o palabras nos alegran el corazón. Son buenas y positivas que nos transmiten paz y serenidad.

Los amargados van juntos, se contagian. Si estás en un momento de debilidad, recurrir a una persona tóxica puede hundirte y sacar lo peor que llevas dentro. Cuando consigas no sentirte vulnerable frente a tus personas tóxicas habrás ganado una importante batalla en la guerra por la felicidad.

Ánimo, tener + de 50 nos hace ser más directas y alejarnos de las personas que no nos desean ningún bien.

Enamórate

Las buenas relaciones no son las que tenemos en nuestras redes sociales. Son las relaciones con personas a las que nos une una amistad. La amistad se crea sobre la base de la confianza y el respeto. Hay que cuidarla con mimo.

Una de las mayores gratificaciones de la vida es sentirnos queridas.

Cuando nos enamoramos nos sentimos llenas de entusiasmo y vivimos con ilusión. Amores distintos que experimentamos a lo largo de nuestra vida: el amor a ti misma, a querernos como somos, con nuestros defectos y nuestras virtudes. Todo lo que hemos conseguido en nuestra vida es gracias a nuestro esfuerzo, nuestra forma de ser, nuestra valentía. Nos enfrentamos a las circunstancias de la vida sin darnos cuenta de lo fuertes que somos y salimos airosas de ello.

- El amor a los demás, pero sin pedir nada a cambio. Es un dicho que es muy real. Es el amor sincero a personas que se han cruzado en nuestra vida. No solamente es nuestra familia o nuestros mejores amigos. Queremos a las personas y por ello empatizamos con ellas. Y si podemos ayudarlas no dudamos en hacerlo.

- El amor a los ideales y a los recuerdos. Mantener esos momentos agradables nos puede ayudar cuando las circunstancias de nuestra vida son adversas. Recuerdos felices relacionados con la gente que queremos, momentos especiales que hemos vivido.

Ríete de ti misma

La risa te hará más ligera. Te dará alas para volar.

Si te ríes de ti misma, no te molestará que los demás se rían de ti. Y aumentará tu autoestima de forma saludable.

En los monasterios Zen lo primero que hacen los monjes por la mañana es reír. En el instante en que el monje se despierta salta de la cama y empieza a reírse de sí mismo como un payaso en el circo. Empieza el día de la mejor manera.

Durante nuestra vida la vergüenza ha hecho que en muchas ocasiones no diéramos el primer paso. ¡El ridículo nos ha frenado en tantos momentos de nuestra vida!, por ejemplo: ¡con nuestra pareja, familia, con personas que no conocemos!

El qué dirán en nuestra mente nos bloquea a la hora de tomar decisiones. No tenemos nada que perder, solamente se irán instantes de nuestra vida que no volverán a repetirse. ¿Te acuerdas de aquel día que dejaste de asistir a reuniones sociales donde no conocías a nadie, o de exponer en clase, o de contestar a aquella persona que te dejó en evidencia en una ocasión?

Dejamos de hacer actividades que nos apetece hacer porque dudamos de nuestra capacidad y tenemos miedo a ser el foco de atención de los demás. Y de sus comentarios o burlas.

Ahora es el momento.

Si metes la pata, acéptalo y ¡ríete de la tontería que has hecho!

¡Te va a sentar tan bien!

Baila

Haz bailar tu cerebro. Según Lucy Vincent, doctora en Neurobiología, si quieres mantenerte joven con salud y feliz, baila.

Tanto si es jazz como salsa. Los sábados bailamos zumba en el gimnasio. Acabamos la clase contentas no, lo siguiente. Elige el que más te guste.

La doctora Vincent explica cómo la coordinación de movimientos complejos al ritmo de la música estimula nuestras conexiones cerebrales, a la vez que preserva nuestra salud y fortalece la autoestima.

Hoy hemos decidido las cuatro amigas hacer una sesión de tarde en casa viendo una película romántica. Hemos elegido por recomendación de mi pareja, Enamorarse. Creo que mi marido se está volviendo más sensible con la edad. A nosotras nos ha gustado, pero no nos hemos emocionado. De nota le pondría un 6/10. Nada que ver con nuestras favoritas, Pretty Woman o Mamma Mia. También es cierto que veíamos la película mientras hacíamos otras cosas. Hablábamos entre nosotras y merendábamos trufas, palomitas y cava. Una vez ha terminado la película, hemos empezado a rememorar éxitos musicales de nuestros tiempos y mucho antes. Entonces hemos apretado la tecla del karaoke (canciones de toda la vida para enamorarte). Han empezado a sonar melodías lentas. Lo que se llamaba baladas y sonaban en las discotecas con la bola de colores que brillaba y daba vueltas encima de nuestras cabezas. Nos hemos ido animando y hemos empezado a bailar y a cantar las cuatro como si fuera el último baile de nuestra vida. Y cada vez nos reíamos más, al mismo tiempo que bailábamos más y cantábamos sin importarnos si entonábamos o no.

Mis hijos nos miraban entre perplejos y felices. Perplejos porque hacía mucho tiempo que no veían a su madre y sus tres amigas soltarse la melena y darlo todo como una estrella del rock en un escenario. Y felices porque veían nuestras caras de entusiasmo. Nos hemos liberado durante unas horas de tanto encorsetamiento y de obligaciones cotidianas que nos roban todo el tiempo.

CAPÍTULO 10. TIPS QUE DEBES ABANDONAR A PARTIR DE AHORA

Pequeños hábitos que no nos ayudan a ser felices. Es hora de cambiarlos y tu vida tendrá un cambio muy positivo.

Desanimarte

¡Me niego a sentirme mal porque ya no tengo 20 años!

Es normal y humano sentir tristeza. Momentos de decaimiento en que el mundo se nos derrumba. A veces va bien acurrucarse con un buen libro y desconectarse del mundo exterior.

Podemos llamar a una amiga por teléfono, hablar con ella… Necesitamos compartir nuestras emociones.

Yo no soy contraria a comunicarme por WhatsApp, pero cuando tengo que comunicar algo que me preocupa prefiero compartirlo con mis amigas cara a cara o por teléfono en el caso que no sea posible vernos.

Puede pasar que nos desanimemos por circunstancias adversas en las que nos vemos envueltas, como por ejemplo la pandemia, que ha generado un desgaste emocional en nuestras vidas.

En ocasiones nos desanimamos y nos preocupamos por la enfermedad de alguien cercano, o frente a un problema complejo como la pérdida de un empleo.

Es totalmente normal.

Con lo que tenemos que tener cuidado es con permanecer de forma habitual y crónica en estos estados de desánimo. Debemos intentar sobreponernos y distraernos.

Si es un desánimo que te afecta por tu forma de ser, recuerda que eres más valiosa de lo que piensas. Busca en ti cosas que te agraden. Despégate de las opiniones de los demás y piensa en lo que tú quieres hacer.

Todas tenemos uno o muchos motivos para vivir. Un ser querido, un sueño con el que un día sentiremos que nuestra vida tiene sentido, un amigo. Tenemos cierta tendencia a fijarnos más en lo que nos falta que en lo que nos sobra, en lo que es malo en lugar de lo que es bueno.

Aceptarse es asumir que tengo una situación que tal vez no pueda cambiar. Pero puedo decidir cómo afrontar esta situación pensando qué puedo hacer. Es decir, cambiar mi actitud acerca de estas circunstancias.

Bloquearte

> **«Cuando liberas los bloqueos internos para tu éxito, puedes conseguir ser, hacer y tener lo que quieras».**
>
> —JOE VITALE

Los bloqueos nos impiden muchas veces obtener lo que deseamos. ¿Cuáles son los bloqueos más frecuentes?:

- La excesiva exigencia. Nos exigimos tanto que somos incapaces de sentirnos satisfechas en ningún momento. No es necesario que todo sea perfecto según nuestra creencia, porque nuestra experiencia nos ha demostrado que somos más felices cuando dejamos fluir nuestras emociones sin estar siempre al pie del cañón. Si bajamos nuestro nivel de exigencia nos sentiremos mejor interiormente, y las personas que nos rodean lo van a percibir. Las creencias no son eternas y si nos liberamos de ellas podemos vivir igualmente sin estas obligaciones.

- Falta de aceptación. Hay cosas de las que nos avergonzamos. Seguramente, pero al final, ¿quién nos garantiza que estas cosas son para avergonzarse? Si conseguimos ir con la cabeza bien alta, ni nosotras mismas nos acordaremos de lo que no nos gusta.

• Sentimientos de culpa y ausencia de perdón. Lo que no nos perdonamos y lo que no perdonamos. La culpa no nos hace crecer ni nos quita la pena o angustia.

• Ausencia de merecimiento. Nuestra autoestima baja hace que consideremos que no nos merecemos lo que tenemos.

Una vez hemos detectado alguno de estos posibles bloqueos, seremos capaces de tomar decisiones.

Tener miedo

No nos deja tomar decisiones y bloquea nuestra mente, afecta a la positividad y la calma.

Según el doctor Mario Alonso Puig, el miedo no es malo en el ser humano, nos ha ayudado a sobrevivir a situaciones muy complejas. El problema es cuando el miedo lo genera nuestra mente. Es producto de nuestra memoria. Aunque ahora no lo veamos, en nuestro interior tenemos recursos en forma de creatividad, liderazgo, espíritu emprendedor, etc., que pueden darle la vuelta a cualquier situación. Por ello es importante tomar esta determinación: «La estoy pasando mal, pero confío más en mis capacidades que en mi problema». Porque una cosa es tener miedo y otra es vivir asustado. No somos espectadores pasivos de la vida. Cuando identificamos nuestros miedos es más fácil abandonarlos. Nuestra fuerza interior es invulnerable al miedo. Solo nuestra motivación interior nos permite enfrontarnos al miedo.

Juzgar a los demás y a nosotras mismas

Cuando juzgamos a las personas nos basamos en nuestras creencias. Imponemos el concepto del bien y del mal a situaciones que simplemente son como son.

Cuando juzgamos nos apartamos de la comprensión y anulamos el proceso de aprender a amar.

Perdonar no exime a la otra persona de la responsabilidad de sus actos, aunque nos ayuda a estar en paz con nosotras mismas y deja de encadenarnos al pasado.

Cuando dejamos de emitir juicios y cuando los juicios de los demás no nos afectan es cuando nos empezamos a sentir saludablemente ligeras.

Hoy hemos ido al hospital a ver a nuestra amiga Maribel. que jugando a pádel se ha roto el menisco y está recién operada. Dos meses y como nueva. La verdad es que es la mejor jugadora del club y no se ha tomado muy bien el tema del reposo y la recuperación. Es muy competitiva. Para mí, el pádel es un entretenimiento que me ayuda a mantenerme en forma y me permite ver mis amigas.

Me cuesta un poco entender su malhumor. Hemos decidido ir a darle ánimos al hospital. María y yo ya estamos en la habitación. Nos sorprende gratamente que Maribel esté tranquila y aceptando su nueva etapa de recuperación. Estamos esperando a Marta que llegará en unos minutos.

Marta ha coincidido con su exjefa Amalia en el ascensor del hospital. Hacía casi un año desde la última vez que se habían visto. Marta ha empezado a notar un sudor frío en la frente y le caían las gotas por los lados. Discretamente se ha girado y le ha dado la espalda. Amalia ha bajado en la quinta planta y Marta ha respirado tranquila. Cada vez que piensa en Amalia se le revuelve el estómago. Fue su jefa durante dos largos años en la multinacional farmacéutica donde trabajaban. Marta tiene 53 años y hace 30 que trabaja en la misma empresa.

Cuando Marta ha llegado a la habitación de Maribel, todavía respiraba de forma acelerada.

María se dirige a Marta con cara de asombro:

—Marta, parece que hayas visto a tu ex. ¿Estás bien?

—No, mucho peor. He encontrado a Amalia en el ascensor. Era ella. No podía creerlo. Es el karma —responde Marta todavía visiblemente afectada—. ¡Qué idiota soy!

Nos hemos quedado mudas. Amalia es una mujer de 32 años que era la primera vez que profesionalmente tenía empleados a su cargo. Era inexperta y debido a su evidente inseguridad, el equipo siempre tenía que estar a su lado. No permitía que nadie le llevara la contraria. A los pocos meses de entrar en la empresa, decidió arrinconar a Marta alegando que era una trabajadora lenta, insegura, poco productiva y poco amable con los clientes.

En medio de las reuniones con el equipo, Amalia lanzaba cohetes de fuego a Marta. Le pedía explicaciones sobre una tarea en concreto que sabía que Marta difícilmente podría contestar. Delante del resto de sus compañeros le pedía justificar su tiempo. Empezó a criticar incluso su aspecto personal e intentó que el departamento de recursos humanos la amonestara por ello. Marta no se arreglaba mucho, sin embargo, su aspecto era limpio y agradable. La pesadilla por suerte duró dos años. No es mucho tiempo, pero para Marta fueron dos larguísimos años de su vida. Amalia emprendió otro camino profesional en la empresa familiar gracias a la jubilación de su padre.

Entonces Marta empezó a ser la que era al principio. Con sus limitaciones —todos y todas somos mejores en unas tareas que en otras, o por lo menos nos sentimos más cómodos—, aunque iba adquiriendo nuevamente seguridad en su trabajo. Aun así, le costó mucho tiempo recuperar su autoestima.

El perdón más necesario es a nosotros mismos. Olvidemos tratarnos de tontos o inútiles, o decir frases como «nunca me lo perdonaré». Una vez te perdones te será más fácil perdonar primero a los seres cercanos y después a los ex y al mundo...

Decir sí a todo

Acostúmbrate a decir NO cuando implica demasiadas obligaciones. Un no a tiempo es un tesoro. No te agobies. A veces va bien hacer una pausa para establecer tus prioridades. Si tienes hijos o padres a tu cargo, primero tienes que estar bien contigo misma para cuidarlos a ellos. No digas siempre sí cuando necesites tu propio espacio para recargar energía. Puedes pedir ayuda, delegar tareas.

Con los hijos

Nuestros hijos son adultos o están a punto de cumplir la mayoría de edad. Ahora somos orientadores solamente. Ellos tomarán sus decisiones y nosotros estamos ahí para darles nuestra opinión. Los apoyaremos por encima de todo, sea cual sea la decisión que tomen e intentaremos ser menos críticas, si es que queremos mantener una buena relación con ellos.

Con los padres

Si todavía tienes la oportunidad de disfrutar de ellos, vivos, son unos ancianos que lucharon toda su vida. Nos educaron de la mejor manera que ellos sabían. Seguramente cometieron errores sin mala intención. Nosotras también hemos cometido errores con nuestros hijos. Diles que los quieres y siéntate a su lado, para que no se sientan solos. Olvida cualquier rencor y disfruta el tiempo que puedas estar con ellos. Eso sí, siempre que salga de tu corazón.

Marta vive con su marido y sus dos hijos, Mario y Toni, de 23 y 25 años respectivamente. Marta tiene 55 años y está buscando empleo de agente del sector inmobiliario. Mientras tanto se ocupa de la casa. Sus hijos se independizaron en una ocasión, pero llegaron a la conclusión de que solamente podían ahorrar si regresaban al domicilio familiar. A Marta y a su marido no les parece mal la idea siempre y cuando colaboren de alguna forma. Como los dos hijos trabajan, no se ocupan para nada de las tareas de la casa. Marta es como una criada. Si no tiene la comida a punto se lo recriminan como si fuera una niña pequeña. La culpabilizan a ella si llegan tarde a la oficina. Si no ha puesto la lavadora con los tejanos que necesitan para el domingo le dan un toque de atención. Marta está cansada de ser su esclava. Tiene que aprender a decir NO y establecer unas normas en el hogar. De lo contrario, cada vez se sentirá más impotente e insignificante. Es el momento de expresar sus sentimientos de forma firme y rotunda y dejar el rol de cuidadora de niños tiranos. Establecer unas normas mínimas y mantenerlas, aunque cueste para que se sienta respetada y valorada como se merece.

Compararte

Recuerdo en mi infancia los veranos felices que pasé en los campamentos de verano.

Éramos un grupo de 50 niñas de diez a quince años que nos encontrábamos anualmente y disfrutábamos durante quince días conviviendo entre la naturaleza. Aprendíamos juegos y bailes y practicábamos deportes y todo tipo de actividades al aire libre. Esta vez se trataba de participar en un concurso musical. Había que dividirse en grupos de cinco niñas y crear una coreografía con *playback* de uno de nuestros grupos favoritos. Teníamos cinco días para preparar nuestra actuación.

Desde el primer día, estuvimos discutiendo sobre quién bailaba mejor o quién mandaba a la hora de inventar la coreografía. Empezamos a compararnos las unas a las otras de forma que inevitablemente se crearon dos bandos. De las cinco niñas, tres se dedicaban a criticar negativamente al resto de sus compañeras. Acabamos enfadadas sin hablarnos y el día de la presentación de la función fue un auténtico desastre. Nos ignoramos unas a las otras prácticamente hasta los últimos días del campamento.

Una vez acabado el suceso, recuerdo una monitora que nos reunió a las cinco. Nos explicó que a ella le había sucedido algo parecido cuando tenía catorce años. Con el tiempo, nos daríamos cuenta de que habíamos desperdiciado nuestros momentos mágicos de aquel verano comparándonos y juzgándonos entre nosotras en lugar de unirnos y divertirnos y aportar cada una nuestro talento y trabajo.

La mayoría de las mujeres siempre nos comparamos las unas con las otras y pensamos que las demás son mejores que nosotras. Durante siglos las mujeres formamos parte del patriarcado con la creencia de que somos más frágiles y nos falta confianza en nosotras mismas. Socialmente tampoco lo tenemos fácil. Frecuentemente los cánones de belleza, rendimiento y perfección son innatos en nuestra persona.

> **«Nadie es igual a ti, nadie camina como tú, nadie sonríe como tú. En esta diferencia está tu belleza. Tu trabajo es pulirte, no compararte con nadie».**
>
> —ELAINE FÉLIZ

Sé tú misma, no hace falta que aparentes lo que no eres. Hemos de aceptarnos como somos y querernos tal y como somos.

Si nos detenemos a pensar cuántas veces nos hemos comparado con otras personas en los últimos tres meses, por ejemplo, seguro que encontraremos varias situaciones pasadas. Aun siendo conscientes de que todas somos distintas, inevitablemente nos surgen dudas y comparaciones que nos hacen sentir inferiores:

- Ella lo tiene más fácil porque tiene más dinero que yo.

- Ella tiene un horario laboral que le permite tener más tiempo libre.

- Ella es mucho más ágil, los deportes se le dan mejor que a mí.

- No sé por qué siempre tiene muchísima más suerte en todo que yo.

Mortificarse porque una persona ha obtenido un trabajo o una vivienda mejor a la nuestra, nos hace perder la perspectiva. Nuestra vida tiene unos objetivos distintos a los de los demás basándonos en lo que nosotros deseamos y no en los logros de los demás.

Las comparaciones suelen utilizarse como excusa para justificar una actitud nuestra que por algún motivo no nos hace sentir satisfechas con nosotras mismas.

Pensar que las demás personas tienen una capacidad enorme para conseguir sus logros sin ningún esfuerzo es un engaño a nosotras mismas. Cuando hablamos entre nosotras, intentamos cambiar la comparación por la admiración. Alegrarnos por los esfuerzos y éxitos de nuestras compañeras nos desbloquea y nos hace pensar en positivo.

Cuando mi amiga Elisabeth encuentre un buen trabajo me sentiré feliz por ella.

Cuando mi amiga Laura se vaya de vacaciones al Caribe tendré envidia, pero de la sana y me alegraré por ello.

CAPÍTULO 11. ¡VENTAJAS DE VIVIR 50 Y TANTOS!

Soy más paciente

Recuerdo que cuando era joven era más impaciente que ahora. No me gustaba esperar nada ni a nadie. Cuando empezaba a practicar algún deporte que exigía concentración para aprender, lo dejaba enseguida.

De pequeña siempre quería apuntarme a todas las actividades extraescolares posibles. Mi madre me contaba lo cansado que era apuntarme y desapuntarme. No tenía paciencia para aprender y disfrutar de ninguna de ellas.

Hoy, no siento esta urgencia exagerada que tenía cuando era joven.

En casa somos dos mujeres y tres hombres. Mi hija me recuerda a mí cuando era joven. Lo quiere todo rápido. La impaciencia por llegar a veces se convierte en un freno. La paciencia nos ayuda a no perder la calma en situaciones estresantes. No significa no tener carácter, sino esperar para actuar sin perder los nervios. Las prisas son enemigas en la toma de decisiones.

Hoy es miércoles, mi día de fiesta. Me he levantado a las 7 h para sacar el pan del congelador y hacer un bocadillo para mi hijo. Tiene 18 años. Como no come ni queso ni embutido, le he preparado una tortilla. Él no me lo ha pedido, pero como es un poco despistado y por la mañana se va muy rápido a la universidad he preferido levantarme. Cosa mía. Resulta que hoy ha decidido no asistir a la clase presencial y se conectará desde casa. A las 7.10 h ha cambiado sus planes. Es decir, cuando yo ya había fregado la sartén y los fogones. El bocadillo que se lo coma Rita. O para merendar, si a alguien le apetece. No me he enfadado nada. Un par de horas más tarde me ha llamado una amiga de estas que habla sin parar de lo suyo y después, cuando me toca el turno a mí, solo me da un minuto. De forma cortés le he dicho que tenía muchísima prisa y he colgado el teléfono. A media mañana, le he recordado a mi marido que tenemos una barbacoa el sábado. Es la tercera vez esta semana que se lo recuerdo. Hace tiempo que no socializamos y me hace mucha ilusión. Me ha respondido que no lo tenía registrado en su mente. Cuando abro los ojos y empiezo a mirarle como si fuera un extraterrestre, responde que en su cerebro no hay espacio para el ocio. Que de este tema me encargo yo.

Entonces he contado hasta diez mientras me he puesto la chaqueta y me he ido a comprar, aunque andando, sin coger el coche como tenía previsto. Hace un sol precioso. Después he ido a tomar café con una amiga y nos hemos reído un poco. Mi día de fiesta no me lo fastidia ni el Tato. Creo que tengo paciencia a mis 57 años, porque a los 35 no sé las barbaridades que habría dicho.

Tengo mejor carácter

En la adolescencia y juventud recuerdo haber gritado y llorado, me enfadaba con el mundo. Si las cosas no salían como yo quería, era la persona más infeliz del mundo. Con los años he aprendido a no tomarme la vida tan a pecho. A disfrutar de las personas que me quieren y a apartarme de las personas que sacan mi peor versión.

Una vez cada tres o cuatro meses coincido con mis maravillosas compañeras de piso de cuando éramos estudiantes, Alba y Bruna. Para mí son sagradas, que no me las toque nadie. Las tengo en el saco de mujeres que se cruzaron en mi camino y se convirtieron en amigas para el resto de mi vida. Hoy nos hemos sentado al sol, en un parque. Hacía un día espléndido. Y después de actualizar nuestro calendario de la vida —maridos, novios, hijos, jefes— hemos hablado de nosotras mismas escuchándonos como siempre tranquilamente. Después de casi 40 años desde que nos conocimos, hablando de nuestros padres, Alba nos ha revelado detalles de la relación con su padre cuando era una niña... Su madre falleció y él se casó con su madrastra. La mujer en cuestión se encargó de que su infancia y la de sus dos hermanas fuera un infierno. Aun conociendo la situación, hoy lo hemos hablado con calma, sin dejar de lado nuestras emociones y con nuestra autoestima bien alta.

Soy más humilde y tolerante

Cuando era joven no escuchaba a nadie. Mi madre me daba consejos y no me interesaban en absoluto. Con mis amigas a veces era poco tolerante. Recuerdo una gran amiga mía que me traicionó con un novio que me gustaba mucho y estuve bastante tiempo sin hablarle.

Hoy en día respeto todas las opiniones, creencias y valoro la sabiduría de las personas. Hago lo posible, aunque reconozco que a veces me cuesta no juzgar a nadie. Cada mujer tiene su historia y yo no soy nadie para hacer un juicio de valor porque no dispongo nunca de toda la información para poder hacerlo.

Tengo experiencia

La experiencia nos aporta sabiduría, nos sirve para aprender y nos ayuda a saber lo que queremos, y lo que no. Cuando era joven y fruto de mi inexperiencia, en ocasiones no tomé la decisión más adecuada para mi futuro en aquel instante. Con el paso de los años vemos otra perspectiva de la vida. Son conocimientos adquiridos con el caminar del tiempo a través de nuestras propias vivencias. La experiencia nos facilita la subida de nuestra autoestima. Nos sentimos más preparados emocionalmente para enfrentarnos a situaciones que hace 20 años quizás no hubiéramos enfocado de la misma manera que ahora.

Ya no pierdo el tiempo

Hemos desarrollado el sentido del olfato para detectar la hipocresía y la falsedad a kilómetros de distancia. Cuando era adolescente no tenía muy claro hasta dónde podía permitir ciertos comentarios de personas mayores que me inquietaban. Recuerdo uno de mis primeros jefes, que me hacía comentarios subidos de tono y no sabía nunca cómo reaccionar. Me costaba enfrentarme a las personas que directamente me acosaban, aunque solo fuera con sus palabras. Me sentía incómoda y no sabía hasta qué punto debía aceptarlo.

A partir de la etapa de la adolescencia conocemos personas y estrechamos lazos de amistad que pueden durar toda la vida. Durante cada etapa conocemos gente nueva y solo en momentos que he necesitado me he dado cuenta de quiénes eran buenos amigos y quiénes eran conocidos. No los he tachado de mi agenda, pero ahora sé en quién puedo confiar y con quién quiero pasar el tiempo, y con quién no es necesario. Soy capaz de apartarme de las amistades interesadas y esto me da mucha tranquilidad. Porque mi tiempo es muy valioso. Como el tuyo.

CAPÍTULO 12. TODAS PODEMOS REINVENTARNOS

A todas nos pasa en algún momento que nos gustaría cambiar aspectos de nuestras vidas. Nos puede pasar a los 20 o 30, a los 50 o a los 60.

Nos gustaría cambiar de trabajo, cambiar de pareja, cambiar de lugar de residencia. En el mundo laboral, tenemos que estar preparadas para los cambios. La tecnología y el mercado profesional cambian tan rápido que tenemos que estar preparadas para lo que pueda surgir.

Según el doctor Alonso Puig en su libro *Reinventarse*, una persona bloqueada emocionalmente lo está intelectualmente. Cuando emociones como el miedo se apoderan de nosotros, se produce un *secuestro cerebral* y no importa lo inteligentes que seamos. Si queremos reinventarnos, nos enfocaremos en lo que deseamos y no en lo que tememos.

«En algunas ocasiones, aferrarnos a una zona

conocida puede impedirnos adentrarnos en otros espacios de descubrimiento y evolución».

Os recomiendo la lectura de este libro, en el cual el doctor nos ayuda a sacar a flote nuestro verdadero ser. Nos ayuda a abrir estos ojos que hacen que nos enfoquemos en el pasado y no en las posibilidades del futuro.

No permitas que nada ni nadie te diga que eres demasiado mayor para conseguir algo que te propongas. Si al final el cambio no surgiera por algún motivo, por lo menos lo habrás intentado.

A la mayoría de nosotras nos da miedo que la sociedad nos discrimina por la edad. No permitamos que los miedos se apoderen de nosotras. La edad que tenemos hoy no tiene nada que ver con la de nuestras madres y nuestras abuelas.

Si piensas que es tarde para emprender nuevos horizontes, estás equivocada. Piensa en tus compañeros de colegio. Algunos eran muy populares cuando eran muy jóvenes y ahora tienen dificultades para superarse. Otros pasaban desapercibidos y hoy gozan de cargos importantes y una vida plena.

En el mundo laboral, si observas que tu especialidad está perdiendo importancia, no esperes a que se vuelva obsoleta y desaparezca la necesidad de un profesional con estas características. Analiza qué funciones podrías desarrollar con facilidad en otros puestos emergentes en el mismo o en otro sector.

Siempre nos quedan cosas por hacer. Comprometernos y marcarnos un objetivo nos hará sentir más satisfechas.

Lorraine Ladish autora del libro *Viva Fifty* nos propone algunas sugerencias para reinventarnos en cualquier aspecto de nuestra vida:

- Elabora una lista de vicisitudes que hayas atravesado y superado a lo largo de tu vida. Recuerda cómo lo superaste, y esto te ayudará y aumentará tu autoestima.

- Escribe en un papel los cumplidos que te hagan, uno a uno y reléelos cuando necesites apoyo.

- Lleva un diario y escribe todo aquello de lo que te sientes agradecida. Enfocarte en lo bueno te hace ser más positiva.

- Anota tus temores y preocupaciones en otro cuaderno, léelos una vez al mes y verás que alguno de ellos nunca se materializó.

- Haz una lista de tus puntos fuertes.

- Busca mentores que tengan éxito en lo que quieres realizar y pídeles consejo. A cambio puedes ayudar a personas más inexpertas que tú.

- Plantéate dedicarte en cuerpo y alma. No esperes el momento adecuado. Siempre puedes mejorar lo que ya iniciaste.

En el terreno LABORAL, lo cierto es que a veces necesitamos reinventarnos para sobrevivir:

Para reinventarnos, enfrentarnos al reto con sus consecuentes complicaciones, no es nada fácil y supone un cambio radical en nuestras vidas. Rocío Mayoral nos propone las siguientes estrategias:

- Tener las emociones negativas bajo control. Imponerse objetivos y cumplirlos, ponerse deberes y hacerlos. Centrarse en los resultados.

- Tener disciplina. El pesimismo se contagia fácilmente. Alejarse de los malos augurios. Evitar todo lo que transmita negatividad. Aunque a otros les vaya mal, lucha por conseguir tu objetivo.

- Cultivar el optimismo. Centrarnos en lo que deseamos. Repetir mensajes de aliento y fuerza para nosotras mismas (por ejemplo: «Necesito esforzarme y cambiar»). Reforzar constantemente el ánimo.

- Haz un poco de ejercicio físico mientras has empezado el proceso para liberar tensiones.

- Motívate con palabras de ánimo y gestos de reconocimiento.

- Evaluarse internamente. Analizar de qué recursos disponemos, cuáles son nuestros puntos débiles. ¿Qué estamos dispuestas a hacer? ¿Hasta qué punto podemos cambiar? ¿Cuáles son nuestros puntos fuertes?

- Analiza el exterior. ¿Dónde puedo encontrar las oportunidades para reinventarme? Disciplina y persistencia debe ser nuestra máxima.

- Favorecer la creatividad. ¿Cómo podemos aumentar nuestra creatividad?

    ♣ Dedicar tiempo diario a ideas nuevas

    ♣ Hacer lluvia de ideas

    ♣ Preguntar a personas ajenas su opinión.

Una vez tengas la estrategia lánzate al cambio:

♣ Programa objetivos a corto plazo

♣ Sé rigurosa en el cumplimiento de las tareas

♣ No dejes días de descanso, dedica un tiempo fijo diario a tu plan de cambio

♣ Secuencia acciones

♣ Si no hay cambio a corto plazo, revisa las acciones que faltan y cámbialas.

Según publica la neuropsicóloga Rocío Mayoral en su artículo «El difícil arte de reinventarse», lo más importante para impulsar el cambio son las personas. Las emociones positivas reducen cansancio y mejoran aptitudes y rendimiento.

Hoy en la puerta de casa me he encontrado a Clara paseando a su chihuahua. Al detenernos, el miniperro en cuestión (no pesa más de 4 kilos) ha empezado a ladrar —a chillar— más que si fuera un Golden o un pastor alemán. ¡Me pone de los nervios! Nos obliga prácticamente a gritar en lugar de conversar en un tono bajo/medio que sería lo suyo. Pero como tenemos tantas ganas de saber la una de la otra, hacemos caso omiso al perrito y nos esforzamos muchísimo para escucharnos mutuamente.

Clara tiene 57 años y enviudó hace cinco años. No tiene hijos. Clara ejerció de visitadora médica durante más de 20 años hasta que un intenso dolor muscular le obligó a replantearse un cambio de trabajo. Su

espalda no soportaba tantos viajes interminables en coche. Por prescripción médica tuvo que abandonar el trabajo. Empezó a considerar otras posibilidades de ganarse la vida y no encontraba muchas opciones atractivas. Desde que sufrió la lesión era asidua al gimnasio y se convirtió en cliente VIP de los entrenadores personales y de los masajistas. Para llegar a fin de mes tenía que echar mano de sus ahorros.

Un día hablando con una compañera en el vestuario, surgió la idea de dedicarse a algo relacionado con su mundo. El deporte, practicar ejercicio de forma segura. Empezó a investigar sobre el tema y navegando por internet le llamó la atención un curso de quiropráctica y técnicas de relajación. El precio era elevado, pero era justo lo que estaba buscando. A los pocos meses de apuntarse, Clara encontró trabajo de recepcionista en una empresa pequeña familiar. Estudiaba cuando finalizaba su turno y los fines de semana. A los tres años la empresa cerró por jubilación del dueño. A Clara le quedaba solamente un trimestre para finalizar sus estudios. Entonces Clara empezó a dar voces en el gimnasio y a todas sus amistades. Se anunció en las redes sociales ofreciendo ofertas y descuentos muy atractivos de sus servicios. Una amiga empresaria la contrató para realizar estiramientos en grupos para sus ejecutivos estresados. Empezó a desplazarse a domicilios, centros de rendimiento de deportistas federados, 24 horas y 7 días a la semana.

Gracias a su dedicación y esfuerzo, Clara puede hoy vivir dignamente de los ingresos de su nuevo empleo. Ella siempre cuenta que su secreto es la combinación de disciplina y trabajo. Pico y pala.

CAPÍTULO 13: COCO

¿Os ha pasado alguna vez que una tontería en vuestra vida empieza a complicarse, al principio no entiendes muy bien de qué va y al final es un *problemón* del que no sabes ni puedes salir?

Pues esto le pasó a mi amiga María. Acabó al borde de un ataque de nervios arrastrando a su pobre familia hacia la deriva.

María era muy jovencita cuando empezó a trabajar en un hotel de lujo a finales de los años 80. Punto de encuentro de intelectuales y artistas de aquella época que se reunían en los grandes salones y celebraban exposiciones.

Al cabo de dos meses, la propiedad se vendió a un grupo inglés que decidió reformar íntegramente el edificio. Como suele pasar en estas ocasiones, se habilitó un espacio con todo el material antiguo –muebles, cuadros, alfombras, sofás etc.,– para que los empleados que lo desearan pudieran llevarse los objetos que ya nunca más se necesitarían.

María decidió quedarse con dos llaveros antiguos de habitaciones, dos teléfonos negros con marcación giratoria espectaculares y un cocodrilo disecado de metro y medio que estaba escondido entre alfombras y mesitas de noche viejas.

María pensó que era un recuerdo original y se llevó a Coco debajo del brazo camino del piso de estudiantes donde residía con tres amigas. Cuando venía alguien a casa, lo escondían dentro de la bañera y ello provocaba más de un susto entre los invitados con las consecuentes risas.

Cuando María se casó, se trasladó a un piso muy pequeño y coqueto. No había espacio para Coco. Decidió trasladarlo a casa de su madre y lo colocó en una estantería. Allí estuvo Coco durante más de veinte años. Los hijos y sobrinos de María montaban encima de él como si fuera un caballo. Era un juguete más en la habitación de los niños.

Cuando la mamá de María murió sus hermanos decidieron vender la casa familiar.

En aquel momento Coco volvió a casa de María. Sus hijos ya eran mayores. A ella no le hacía ni pizca de gracia aquel bicho disecado con dientes negros, pies con telarañas y la cola medio rota.

Empezó a dar voces para averiguar si había alguien que pudiera estar interesado. Como no tuvo éxito, le pidió ayuda a su familia. Su hija se ofreció a colgar un anuncio parecido a los que había en una página web.

Su imaginación y creatividad se plasmaron en el anuncio:

– Se vende cocodrilo auténtico, especie procedente de África. Cazado en el Nilo. Precio especial 70 euros. Es una ganga.

Unos días después una persona se interesó en la compra de Coco. María pensó que por fin se libraría del espécimen en cuestión. Se llamaba Juan. Como mostraba interés, pero no el suficiente, María le insistió en rebajar la tarifa a 60 euros vía wasap. Al final, Juan accedió a la compra. Como María trabajaba, le preguntó a su hijo mayor Manuel que estaba estudiando fuera y casualmente se encontraba unos días en casa, si podía hacerle el favor de gestionar la venta del cocodrilo al posible comprador.

Manuel introdujo a duras penas a Coco con la cola incluida en el maletero del coche y se fue al encuentro del comprador.

Juan en realidad no era un comprador. Era un agente de la Guardia Civil que le solicitó los papeles de la autorización de especie protegida y recibo de la compra del animal.

Manuel solo recordaba que su abuela le explicaba cuando lo acostaba, el cuento del cazador intrépido que le había regalado el cocodrilo a mamá.

La Guardia Civil abrió un expediente contra Manuel y contra su madre. Tenencia ilícita y contrabando de especies en extinción. Delito grave contra la fauna.

María pensó que era una broma cuando la policía la llamó al trabajo. Nunca en la vida había pensado que no era legal vender un trasto por internet. Para ella no era ningún animal después de 30 años de haberlo recogido entre las ruinas.

Unos días después, María y Manuel fueron llamados a declarar a las dependencias de la Guardia Civil. Se les aconsejó que buscaran un abogado. Por suerte María tenía un buen amigo del instituto abogado que se ofreció a ayudarla. El amigo abogado no le dio la más mínima importancia, encontró casi divertido y fácil de solucionar el malentendido.

Aquí María ya llevaba un tiempo tirándose de los pelos por haberse metido en semejante lío ella solita y haber involucrado a su hijo.

Después de la declaración por separado, el mismo Guardia Civil les aseguró que era evidente que se trataba de una familia que no se dedicaba al contrabando de especies protegidas y que todo quedaría en papel mojado. En cualquier caso, María insistió en la declaración que su hijo había actuado como un mensajero/transportador y no estaba involucrado en ninguna decisión sobre la venta de la especie.

Unos meses después, la familia fue citada a un pre-juicio. Cuando llegaron a los juzgados, incluso el personal del mostrador de atención al público estaba enterado del caso del cocodrilo. Mientras tanto el pobre abogado había trabajado a fondo para demostrar que la familia tenía sus propios ingresos. Incluso buscó ayuda en compañeros suyos de profesión.

María cuando se acostaba por la noche, se preguntaba "¿Qué he hecho yo para merecer esto?"

María empezó a buscar testigos que hacía treinta años que habían trabajado en el hotel para corroborar su versión. Los pocos que quedaban no recordaban casi nada. Era decepcionante.

Entretanto, Coco era examinado en el laboratorio por expertos que dedujeron que su procedencia era de Sudamérica y no del Nilo, cosa que hizo dudar al juez de la credibilidad de las declaraciones hechas por la familia. Y el espécimen no era un cocodrilo, era un caimán.

Finalmente, María encontró tres testigos que eran su salvación: un camarero, un jefe de recepción y un conserje jubilados que se ofrecieron a declarar a su favor.

La condena era de dos años de penales para el pobre Manuel, 1.214 euros de multa cada uno y prohibición durante un año de caza y pesca. María lo único que había pescado en su vida era una carpa en el río con su padre cuando tenía apenas 10 años.

En aquel momento Manuel estaba estudiando en otro país un máster por lo que necesitaba más que nadie estar libre sin certificado de antecedentes penales.

Cada vez era todo más complicado y difícil de asimilar. María no entendía como había llegado hasta tal punto por mucho que intentaba relativizar su caso.

Fueron a declarar los cinco, esperando que la pesadilla acabara lo antes posible.

Después de seis meses, fueron nuevamente citados ya que sus declaraciones fueron desestimadas. Todo el trabajo preparado no había servido de nada.

Hace unos meses que se celebró el juicio. Manuel ya fuera del país, declaró por vídeo conferencia.

Antes de entrar en la sala, el fiscal ofreció al abogado reducir la condena a 200 Euros por acusado, pero sin anular los antecedentes penales de Manuel.

María se negó en rotundo. Ya era cuestión de ver hasta dónde podía acabar un marrón de como éste.

En este juicio, se presentó el guardia civil que detuvo a Manuel hacía más dos años en el momento de la compra del espécimen. Reconoció a la familia al instante. El guardia civil declaró ante el juez que no tenía ninguna duda que el chico solicitaba 60 euros por un cocodrilo de la misma manera que si fuera por un jamón o un bote de pintura. Es decir, que por la cantidad que solicitaba no veía ningún ánimo de lucro por parte del pobre chico.

Finalmente, el juez dictó la absolución del delito contra la fauna cometido por imprudencia grave. Alegando la hipótesis del error.

Tengo que confesaros que, en realidad, en esta última historia, la afortunada María es mi otro yo.

María podría llamarse Lourdes, Montserrat o Macarena. Me encomendé a la virgen para que milagrosamente me sacara del atolladero en el que me había metido. Y algo puso de su parte, seguro.

A veces hechos de este tipo se escapan de nuestro control. Algo que parece una broma puede llegar a hacernos perder la estabilidad. Aun manteniéndonos firmes, creyendo en nosotras mismas, hay situaciones que nos superan. Pero siempre luchamos hasta el final. Sacamos fuerzas y recursos sin rendirnos. No nos queda otra.

CARTA A LAS LECTORAS

Amiga:

Te doy las gracias por haber llegado hasta el final de estas páginas.

Me encantaría que entre estas conversaciones entre amigas y conocidas que has leído, te hayas sentido identificada en algún momento concreto de tu vida.

Piensa que tú eres una de las protagonistas de cada historia que ha elegido brillar el resto de su vida. Que todas y cada una de nosotras somos únicas y nos esforzamos en seguir adelante de la mejor manera que conocemos.

Mientras intentamos comprender a nuestros hijos, eternos adolescentes, y a nuestros padres, eternos longevos, nos centraremos en cuidarnos un poco más a nosotras mismas. Sin hacer ruido, dejando huellas. Como solemos hacerlo.

Mujeres como tú y como yo, que nos mostramos como somos. Que, como todo se pega —el entusiasmo, la hermosura, la bondad, la generosidad—, nos acercamos a las personas bonitas por fuera y por dentro. Rodéate de estas mujeres que usan cualquier excusa para soltar una carcajada y contagian su alegría. Aléjate si puedes o al menos marca distancia con las personas que transmiten egoísmo, celos, negatividad, posesión. No permitas que nadie ni nada baje tu autoestima.

Entra en tu mejor década con la cabeza bien alta. Medio siglo te hace ser sabia e intuitiva. Cree en ti y sobre todo trátate con amor. Cuando sueltes creencias, pensamientos caducos, apegos, el pasado, y dejes espacio para vivir tu nueva etapa, no se te olvide jamás que eres única y que tu mejor etapa comienza a los 50 años.

Espero y deseo haberte ayudado a prepararte para esta gran aventura que es la década de los 50 con ilusión y sobre todo queriéndote mucho. No pierdas el tiempo. Es irrecuperable. Ahora y hoy es el momento.

Cuando estés de bajón escucha música. La música es capaz de cambiar nuestro estado de ánimo. De tranquilizarnos en los momentos en que estamos nerviosas. De relativizar aquello tan grave.

Camina, medita, asómbrate, realiza cualquier actividad que pueda darte energía positiva que te anime a ver el lado bueno de las cosas. Plantéate nuevas metas y verás cómo tu sensación de propósito y dar el paso adecuado harán que te sientas más joven.

Cuando te mires al espejo verás una mujer bella, con experiencia y dispuesta a disfrutar de su cumpleaños como si no hubiera un mañana. Y si existiera, así de espléndida te encontrará. Y, sobre todo, no olvides nunca adoptar el buen humor sean las circunstancias que sean.

Ah, y si tu cuerpo no es el mismo que hace 30 años, es una buena señal. Tienes la suerte de vivir cada etapa con dignidad. Cuando cumplas los 80 años verás que tienes muchísimas más arrugas que ahora. Cada arruga refleja una historia de tu vida. Y eres consciente de que hay tantas personas que se han quedado a medio camino...

Y si un demonio te esconde las llaves del coche cuando las necesitas, o no recuerdas el título de la película que viste la semana pasada (y encima te gustó muchísimo), o intercambias los nombres de tus hijos o tus mascotas, no te preocupes. A todas nos pasa.

Un abrazo muy fuerte y bienvenida al extraordinario club de los + de 50.

BIBLIOGRAFÍA

Puig, Mario Alonso (2012). *Reinventarse*. Plataforma.

Naturaki.com.

Rojas Estapé, Marian (2018). *Hacer que te pasen cosas buenas*. Espasa.

Sandoval, Eva (2015). *¿Y tú qué crees?* Urano.

Laddish, Lorraine C. (2017). *Tu mejor edad. Viva Fift.* Harper Collins.

Margaret Manning (2020) *Founder of Sixty and me Community.*

Fernández, Rocío (2009) *Envejecimiento activo.* Pirámide.

Nieves, Rut (2017). *Cree en ti.* Planeta.

Red de Bibliotecas Públicas (2007) *Lavaderos antiguos.*

Rocío Mayoral (2013) *El difícil arte de reinventarse.* Blogs.elconfidencial.com.

Rocío Carmona (2021) *Por qué entrenar tu capacidad de asombro te hará más feliz.* La Vanguardia.

Dr. David Weeks and Jamie James *(1998). The Superyoung. The proven way to stay young forever.* Hodder & Stoughton General Division.

Association for Psychological Science (2012) *A smile to lower stress.* ABC.

AGRADECIMIENTO:

Mi primer agradecimiento es para mi madre, que me enseñó a valorar lo que es importante y lo que no lo es. Mi guía desde que nací hasta hoy.

A mi marido y a mis hijos por creer en mí y por estar a mi lado apoyándome y valorándome en todo lo que hago.

A toda mi familia que está a mi lado cuando lo necesito.

Gracias de corazón a mis amigas lectoras, Anna, M. Pau, Gemma, Lidia por dedicar su tiempo a leer estas páginas.

Y gracias, gracias, gracias a todas mis amigas por compartir sus experiencias y sus confidencias. Ellas y sus historias son las únicas protagonistas de este libro.

Si quieres contactarme aquí tienes mi email:

porticarme@gmail.com